COLLECTION DE L'AMATEUR PHOTOGRAPHE

LA Photographie Amusante

PHOTOGRAPHIE SPIRITE — EFFETS SUR FOND NOIR — LE STÉRÉOSCOPE — PHOTOGRAPHIES MOUVANTES ET PHOTOGRAPHIES PARLANTES, ETC.

PAR MM.

Cte E. OGONOWSKI
Auteur d'ouvrages sur l'Art et la Photographie

VIOLETTE
Secrétaire de rédaction de l'« Amateur Photographe »

Avec 40 figures intercalées dans le texte

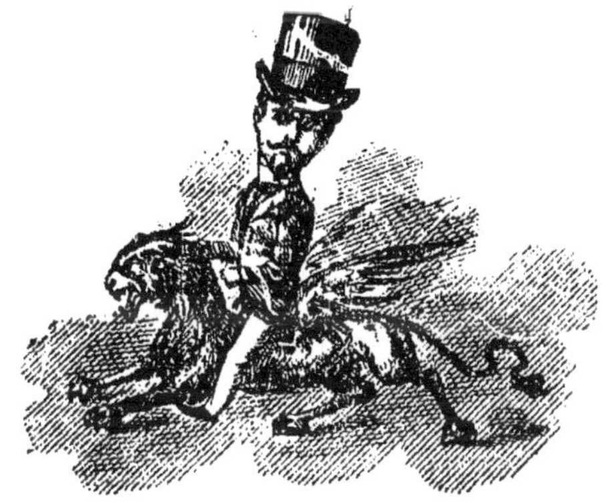

PARIS
SOCIÉTÉ GÉNÉRALE D'ÉDITIONS
21, Boulevard Saint-Germain, 21

Bergerac. — Imprimerie Générale, 3, rue Saint-Esprit.

LA

PHOTOGRAPHIE AMUSANTE

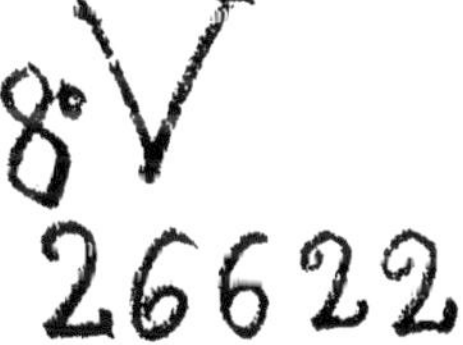

COLLECTION DE L'AMATEUR PHOTOGRAPHE

LA

Photographie Amusante

PHOTOGRAPHIE SPIRITE — EFFETS SUR FOND NOIR — LE STÉRÉOSCOPE — PHOTOGRAPHIES MOUVANTES ET PHOTOGRAPHIES PARLANTES, ETC.

PAR MM.

Cte E. OGONOWSKI
Auteur d'ouvrages sur l'Art et la Photographie

VIOLETTE
Secrétaire de rédaction de l'« Amateur Photographe »

Avec 40 figures intercalées dans le texte

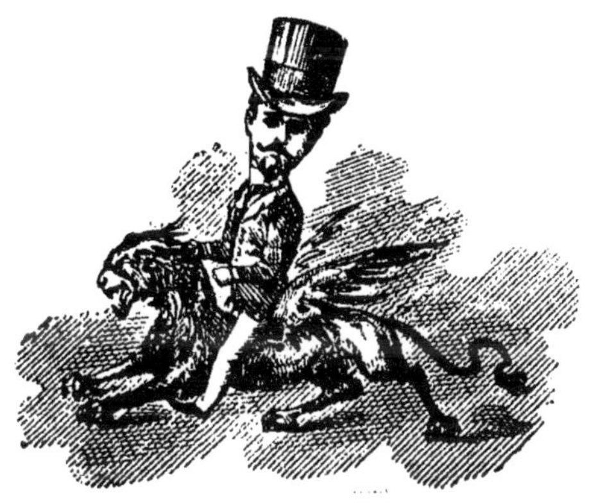

PARIS
SOCIÉTÉ GÉNÉRALE D'ÉDITIONS
21, Boulevard Saint-Germain, 21

LA

PHOTOGRAPHIE AMUSANTE

PHOTOGRAPHIE SPIRITE — EFFETS SUR FOND NOIR
— LE STÉRÉOSCOPE —
PHOTOGRAPHIES MOUVANTES ET PHOTOGRAPHIES PARLANTES
ETC., ETC.

PREMIÈRE PARTIE

PHOTOGRAPHIE SPIRITE

Le spiritisme, tout le monde le sait, est une science occulte, sacrée pour les adeptes, science indubitable et inépuisable dans ses ressources de communication avec l'âme des défunts. Je dis l'âme des défunts, parce qu'un savant anglais a fourni tout récemment les rudiments d'une science nouvelle tendant à assujettir au pouvoir de l'homme les lois métaphysiques sur lesquelles reposent l'intuition et l'apparition spontanée des êtres sympathiques, au moment où l'esprit demisomnolent se porte vers eux. Ce qui veut dire que nous avons mieux que la transmission de pensée, puisque, dans un avenir très proche, nous communiquerons, d'une manière directe et sans souci des distances, avec l'âme des vivants.

Disons, quant au spiritisme, que le rapport entre un esprit et la personne qui l'évoque s'établit d'habitude par l'intermédiaire d'un *médium*, être éminemment sensible, éminemment impressionnable et en général faible de volonté.

La volonté n'est que pour celui qui évoque, tandis que le médium est un instrument passif agissant sous le souffle de l'être invisible : il s'absorbe, il s'anéantit, en un mot, il se donne à l'empire spirituel des existences d'outre-tombe, et là où le pouvoir de l'esprit s'arrête en tant que manifestation physique, il le fait, lui, sans même avoir conscience de ses actes. Cette doctrine est répandue à un degré tel, qu'elle a donné lieu, lors de la dernière exposition universelle, à un célèbre congrès, où se réunirent les représentants des principales villes de France et de l'étranger, comprenant toutes le chiffre déjà énorme de quinze mille adeptes. Il y en eut de toutes les conditions, de toutes les croyances, et même des prêtres. Parmi ces derniers, un chanoine soutint la cause avec une conviction profonde, affirmant que la doctrine spirite n'est contraire en aucun point aux doctrines de l'Église (1). Un autre, franc-maçon celui-là, lut un discours écrit sous la dictée d'un esprit, et ce serait à y croire, en ne jugeant que par l'élévation de la pensée et par la grande beauté du style. Cet adepte du spiritisme est auteur d'un très intéressant ouvrage : *Après la mort.*

Je ne suis ni pour ni contre, c'est dire assez, qu'en écrivant ces pages, je n'ai d'autre but que de relater des faits. Jamais je n'ai vu de tables tournantes, sauf étant enfant, et encore ai-je appris que le médium complaisant à qui les secousses du meuble furent attribuées, était notre précepteur. Je me souviens d'autres moyens pour faciliter les révélations, la règle, le crayon, le verre d'eau, et que sais-je encore : c'était vers l'année 1860, période de grande activité pour le monde spirite. Depuis, je n'en ai entendu parler que dans ces dernières années, où les croyants revinrent avec de nouveaux renforts, munis d'un nouvel attirail de théories et de procédés de communication, parmi lesquels procédés nous inscrivons pour notre compte la photographie.

Voici la base sur laquelle repose ce nouveau moyen :

Les esprits, peu soucieux de revêtir leur forme

---

(1) Je dois ajouter que le vénérable ecclésiastique reçut un blâme sévère de l'autorité dont il relève, et si je m'abstiens de donner les noms, c'est pour ne pas toucher à une matière aussi délicate.

terrestre pour s'exhiber au regard des vivants, ne sont nullement rebelles lorsqu'il s'agit de l'investigation par l'appareil optique. En d'autres termes, ce qui est interdit à nos sens imparfaits, ne l'est plus aux instruments. N'avons-nous pas le télescope, qui rapproche la lune à 16 lieues de la terre ; le microscope, qui nous fait voir, grossissant à une puissance considérable, des êtres absolument invisibles, et la photographie céleste, grâce à laquelle nous compterons les étoiles de dixième grandeur, même au delà. Il n'y aurait rien d'étonnant, si dans quelques années, pour couronner ce siècle qui a vu tant de choses extraordinaires, nous trouvions sur les catalogues de fabricants d'appareils de photographie, à l'endroit « objectifs », des annonces à peu près comme celles-ci : « *Le Psychoscope*, instrument à l'usage des sciences occultes, servant en même temps à la mise au point pour chambre spirite ; *Objectif spirite extra-lucide*, de la maison X... ; *Objectif spirite aplanat-éclair*, de la maison Y..., pour saisir au passage, dans leur vol rapide, les esprits en apparition et ceux des fins-fonds de l'éther, donnant une ressemblance parfaite et s'adaptant à toutes les chambres noires ; enfin, comme dernier perfectionnement, le *Psychographe électrique*. » Car l'électricité n'a pas dit son dernier mot, et je lui attribue encore une propriété : j'ai dans l'idée qu'elle jouera un rôle important dans l'héliochromie, comme agent révélateur ou agent fixateur des nuances naturelles. A ce propos, il m'a été dit qu'un jour, en Allemagne, on trouva dans les débris d'un incendie causé par la foudre, une vitre sur laquelle le paysage s'était reproduit avec toutes ses couleurs.

Comme conséquence de mes suppositions j'admets tout ce qu'on voudra, on ne peut pas être plus conciliant; mais ce qui semble une plaisanterie, a été déjà mis en pratique par un certain photographe, industriel entreprenant, qui l'exploita au grand profit de sa bourse mais non à celui de sa considération.

On se souvient d'un procès jugé il y a quelque vingt ans, à la suite duquel le photographe spirite fut condamné pour abus de bonne foi. Il habitait Paris : dans quel quartier ?... je ne veux pas le dire, pas même sur quelle rive, et c'est déjà beaucoup si je désigne son nom par la lettre G.

A cette époque, la photographie était loin d'être vulgarisée comme elle l'est de nos jours; le champ était ouvert à la mistification du charlatan, lequel n'avait aucune critique à redouter : personne ne découvrirait le mécanisme des effets surnaturels se produisant dans son cabinet obscur.

Le pouvoir qui lui était donné de faire apparaître les fantômes eut du retentissement et la clientèle abonda. Pour l'un, c'était l'ombre de son père, pour l'autre, celle de son enfant ou de sa fiancée qu'il s'agissait d'évoquer, et M. G... s'en tirait fort bien.

On entrait. De grands portraits de spectres décharnés, recouverts de leur linceul, ornaient le salon d'attente : il arrivait parfois de distinguer sur l'un d'eux les traits d'une personne connue jadis, et la confiance redoublait, l'on se sentait pris d'une sainte terreur. C'était le lieu durecueillement, là où l'on se préparait au grand acte de l'apparition. Pendant ce temps, M. G... posait des questions discrètes, amenant à connaître l'âge du défunt, son caractère et son genre de physionomie, puis il se retirait pour disparaître sous une tenture noire. Au bout de quelques instants le solliciteur était appelé à passer sous la même tenture et se trouvait tout à coup dans une obscurité profonde : cette fois, c'était la chambre des révélations. Quand l'œil s'était habitué aux ténèbres, on finissait par distinguer un cabinet absolument nu ; pas le moindre accessoire, pas la moindre chose indiquant un truc : quatre murs tendus de noir, et c'est tout. Cette inspection se faisait à la faveur d'une petite lueur verte, tenant dans un coin on ne sait comment, mais assurément placée là à dessein pour assurer la confiance.

— Agenouillez-vous! disait une voix.

Et la petite lueur cabalistique cessait de briller.

Peut-être qu'à ce moment une oreille expérimentée eut distingué le frôlement d'un rideau glissant sur une corde ou tout autre petit bruit suspect ; mais qui songeait à cela en cette heure d'anxiété ?

— Voyez-vous quelque chose ?

— Pas encore.

— Esprit, viens-tu ? disait la voix d'un ton impératif.

Mais l'esprit se faisait prier.

— En conservant votre attitude agenouillée, tournez sur vous-même, ajoutait la voix.

— Oh ! je distingue une lueur !

— Fixez-la bien !

— Mon Dieu, c'est elle !... ou bien, c'est lui !... Mais ne pourrais-je voir plus distinctement ?

— Esprit, approche-toi, tu n'est pas assez apparent !

Mais l'esprit devenait plus vague et disparaissait tout à fait, laissant une traînée blanchâtre dans laquelle s'agitait une nuée d'autres fantômes.

— Pourquoi as-tu disparu, ombre chérie de mon père, pourquoi ta forme était-elle si vague ? Monsieur, disait-on en s'adressant à la voix, Mme X... m'a affirmé que son mari lui était apparu dans toute sa ressemblance : elle s'est évanouie.

— Mon Dieu, madame, je n'y puis rien. Certains esprits sont rebelles à nos prières, échappent même à mon pouvoir, sans cependant s'y soustraire tout à fait, comme vous voyez. Nous allons recommencer, si vous voulez.

Seconde apparition, un peu plus satisfaisante cette fois : on distingue en effet un personnage de l'âge du défunt ; c'est bien son genre, mais c'est toujours vague. Enfin, on lève la séance pour remettre à une autre fois. Dans cet intervalle, le client restait rarement sans venir soumettre quelque portrait ou croquis de la personne morte, qu'il laissait sur la sollicitation de M. G... Alors, les résultats de la seconde séance étaient absolument concluants : cette fois l'ombre s'était manifestée dans toute son identité. On revenait tremblant, et l'épreuve surnaturelle à laquelle on avait assisté, qu'on avait subie résolument, défrayait les conversations intimes.

Ceux qui sont au courant de la photographie, ou qui n'ont même que des notions incomplètes sur les procédés employés pour l'obtention des agrandissements, ont compris déjà que les effets obtenus par M. G... n'avaient pas d'autre cause. Dans un traité de photographie, j'ai donné la description d'un appareil d'agrandissement, que je puis résumer dans ces quelques mots : l'objectif d'une chambre noire, mis à l'envers, regarde une image transparente (petit cliché positif ou négatif, selon le besoin), fixée dans la lucarne d'un cabinet obscur; à cette lucarne, contre le type même, est assujetti hermétiquement l'autre côté de la chambre; le cabinet fait lui-même office de grande chambre noire, ayant un écran blanc

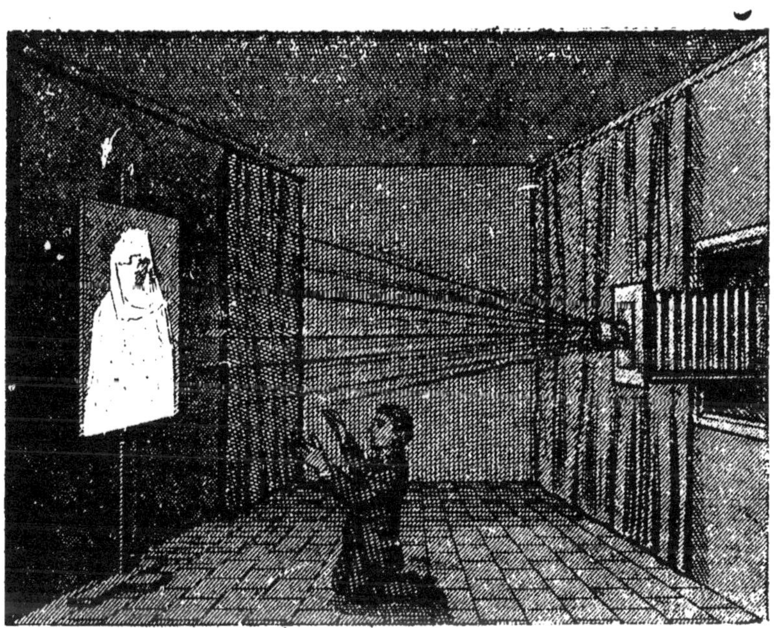

Fig. 1. — Installation d'un photographe spirite.

mobile en guise de verre dépoli. Dans l'installation du photographe spirite, l'écran était masqué par un voile noir, ainsi que l'objectif; en un mot, aucune trace d'appareil quelconque n'était apparente. Ce n'est qu'au moment de l'évocation, et quand la lanterne verte avait disparu, qu'on démasquait la batterie. Le client, agenouillé dans l'obscurité, arrivait à son insu, par un mouvement de droite ou de gauche, à se poster devant l'écran. Et l'apparition avait lieu, très confuse d'abord, ensuite plus accentuée, mais jamais assez pour distinguer des traits de ressemblance, sauf le cas où M. G... avait pu se procurer un portrait du défunt. Alors, la préparation du type fantôme demandait plus de soins, mais le travail était d'un excellent rapport.

J'ai dit, au commencement de ce récit, que l'ingénieux opérateur fut accusé d'abus de confiance et condamné à la réclusion.

L'histoire d'une apparition spirite, mais d'un genre différent, m'a été racontée par l'auteur lui-même du procédé. Cette fois, les choses eurent lieu en intimité.

M. Bildaïva, photographe, avait un ami, zélateur ardent de la doctrine, qui l'entretenait depuis longtemps des efforts tentés pour se mettre en communication avec l'ombre de sa mère, efforts restés stériles jusqu'à ce jour.

L'ami, M. Petiot, est artiste capillaire, doué d'un rare talent pour tresser avec des cheveux une chaîne ou une bague, pour placer dans un cadre, sur fond de velours, la barbe blanche, relique d'un auguste vieillard ; couvrir de cheveux naturels la tête et la barbe de l'image de Victor Hugo ou de Gambetta ; composer un cortège où les tombes et les habits sont en cheveux ; faire enfin une foule de très jolies choses, dignes de l'admiration d'un grand nombre de personnes, mais qui n'ont d'autre effet sur moi que de me donner mal au cœur.

— Vous avez épuisé tous les moyens, dit l'artiste au coiffeur.

— Tous ceux de ma compétence, oui, et je commence à douter.

— Il en est un, cependant, que je donne comme infaillible. Avez-vous entendu parler de la photographie spirite?

— Nullement, expliquez-moi cela.

— Apprenez donc, que les objectifs possèdent un pouvoir occulte, pour ceux qui savent s'en servir, comme de juste; ils ont le don, en dehors des objets matériels, de distinguer quantité de phénomènes qui échappent à nos yeux. Ce procédé a été très efficacement employé dans plusieurs circonstances analogues, et si vous voulez que nous tentions l'expérience?...

— Mais c'est merveilleux ce que vous me dites-là...

Et l'on convint du jour.

L'ami Petiot arrive et ses yeux sont frappés par un ameublement étrange. Le fond de l'atelier de pose est noir et, sur une table couverte d'un tapis noir, gît une tête de mort, près de laquelle deux bougies sont allumées. La tête de mort est là, paraît-il, pour familiariser l'esprit, très sensible à ce genre d'apparat.

Sur un signe du photographe on passe dans le laboratoire, où Petiot fut invité à mettre une plaque dans le châssis. On revint dans la salle de pose, et le coiffeur s'agenouilla devant la table, les mains jointes, le regard au ciel.

Après mise au point, M. Bildaïva dit à son ami de prononcer la formule d'évocation.

— Esprit de ma mère, montre-toi, je t'en prie, je le veux.

Un silence de quelques minutes succède à ces paroles.

— Pensez-vous que l'esprit soit descendu, en avez-vous l'intuition, demande le photographe ?

— Je crois que c'est le moment, si j'en juge par l'impression que je ressens.

— Ne bougez plus alors... c'est fait.

On retourne au laboratoire et la plaque est mise dans le bain. Mais cela ne va pas tout seul, la plaque ensorcelée ne bouge pas. On ajoute un liquide accélérateur, rien; on change de bain, rien encore : enfin, au moment où l'on doit abandonner la partie, une image dans le coin commence à se dessiner, comme une vapeur blanche d'abord, ensuite sous forme de fantôme. Ce fantôme c'est l'esprit. On pousse le cliché pour obtenir plus de netteté : soins inutiles, l'image reste confuse. Mais déjà les autres détails de la plaque se montrent dans leurs parties claires. Ce sont d'abord les bougies, ensuite la tête de mort, puis une figure, celle de Petiot. Les parties noires viennent à la fin.

Petiot pousse une exclamation :

— Ma mère, c'est elle!... et tombe à genoux.

Comment expliquerons-nous, en langue profane, l'impression simultanée sur la couche sensible, de l'être invisible et de l'être palpable ?

D'une façon très simple et tout le monde, j'en suis sûr, l'a deviné.

Avant la séance, le photographe avait eu soin de reproduire sur le coin de la plaque l'image d'un fantôme, découpée sur fond noir (fig. 2). Le reste de cette plaque n'avait subi aucune altération et le médium y avait trouvé sa place. Quant aux lenteurs du développement, elles furent calculées à dessein.

J'aurais pu, me dit l'habile opérateur, donner au spectre la ressemblance de la défunte, car j'avais son portrait, mais je n'ai pas voulu pousser les choses trop loin et abuser de la bonne foi de cet homme naïf, qui n'en resta pas moins persuadé que sa mère lui avait apparu, invisible à son regard, il est vrai, mais visible pour l'instrument de photographie.

Cette seconde théorie d'apparitions a été pratiquée il y a très peu de temps, sur une vaste échelle, par un photographe de Tours. Mais la plaisanterie cesse où il y a abus public; le coupable s'en est tiré cependant à bon compte :

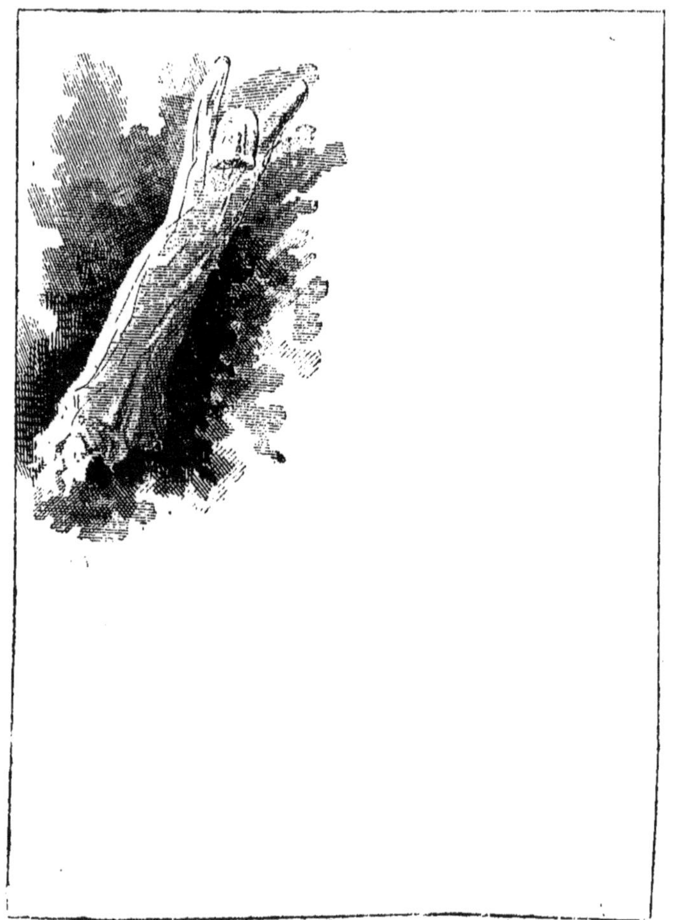

Fig. 2. — Disposition d'une plaque sur laquelle se trouve reproduit *préalablement*, l'image d'un fantôme découpée sur fond noir.

l'opinion seule s'est chargée de le condamner.

Il opérait d'après le procédé ci-dessus indiqué,

mais avec une variante. Ce n'est pas sur des gravures qu'il reproduisait le fantôme de la plaque, mais sur des modèles vivants enveloppés de draps qu'il accrochait en l'air.

L'opération se faisait sur fond noir, et par un défaut de mise au point les traits du sujet restaient confus. Alors, sur une plaque préparée de la sorte, le mystificateur prenait la pose du monsieur ou de la dame spirite venu dans son atelier pour implorer les ombres.

Je n'ai aucune conclusion à tirer de ces récits, car partout où il y a croyance erronée, il y aura des dupes. La photographie spirite n'a pas dit son dernier mot, ses ressources ne sont pas épuisées, et si ce n'est pour saisir la forme éthérée des mânes des défunts, elle se prêtera encore à quelque invention d'écriture mystérieuse, comme cette ardoise magique enfermée dans une boîte d'un professeur allemand, dont les propriétés occultes furent publiquement contestées, il y a environ cinq ans, par des chimistes de Berlin, appelés à se prononcer comme experts dans un procès qui fut intenté au-dit professeur.

Plus récemment encore apparaît Eglinton. Venu d'Edimbourg à Londres avec son père, un passionné de la doctrine, Eglinton se montre d'abord rebelle à ses enseignements : quelques années plus tard, le voilà grand apôtre. Son état d'inspiration, ses catalepsies font frissonner adeptes et spectateurs. Dans les séances qu'il donne, on voit des flammes phosphorescentes courir sur son corps, une nuée le couvre et le fameux médium se spiritualise. Dans cette vapeur, on n'aperçoit qu'une main, ou une tête à la hauteur d'un corps debout, pendant que les jambes gisent horizontalement par terre. C'est ainsi du moins que nous avons vu des dessins de ces fameuses expériences, dont quelques-uns reproduits d'après des clichés photographiques de M. Aksakow, savant naturaliste, chez lequel Eglington avait été invité, à Saint-Pétersbourg.

Eglington passe ensuite en Amérique, où il obtient un succès colossal.

Comment des individualités de ce genre jouissent-elles d'un si haut crédit auprès du public, et comment voyons-nous des savants y porter tout leur intérêt? *Audaces fortuna juvat*. N'avons-nous pas eu, sous l'Empire, les frères Davenport?

Et les photographies *médianimiques?* voilà encore des épreuves à sensation. D'où vient la lumière qui éclaire ces spectres! quel bel effet de clair-obscur! Ah! si Corrège avait connu l'électricité : car tout le secret est là. Des modèles drapés de noir posent devant un fond noir, et leurs mains placées à la hauteur de la poitrine dissimulent des lampes électriques à incandescence. Vous voyez d'ici l'effet de ces épreuves photographiques nocturnes, dans lesquelles la lumière s'est accrochée uniquement aux saillies des étoffes et s'est répandue sur les dessous des détails de la figure. J'ai vu un groupe d'un jeune homme et d'une jeune femme ainsi spectralisés (pardon pour l'expression), dont le résultat *médi-animique* est d'un effet aussi mystique que gracieux.

J'ai dit : la photographie spirite est prodigue en surprises.

CARTES SIAMOISES

EFFETS SUR FOND NOIR ET SUR FOND BLANC

A qui n'est-il tombé sous la main, dans la collection d'un ami, ou qui n'a eu l'occasion de voir, dans une vitrine de la rue, un genre de photographie fantastique, où le même type est reproduit sous deux aspects différents? Tantôt il se salue, ou joue une partie de cartes avec lui-même; tantôt malade, vêtu d'une robe de chambre et assis dans un fauteuil, il reçoit la visite de son Sosie. Ou bien encore, il joue du violon et s'accompagne de la flûte; ailleurs, il se bat en duel, ou pleure à chaudes larmes d'un côté, pendant qu'il rit aux éclats de l'autre. Préférez-vous la pose où l'homme décapité se penche vers sa tête gisant à terre ou bien la tient sur ses genoux et écarte les bras en signe d'étonnement?

Toutes les combinaisons se prêtent à ce genre, mais à la condition d'éviter un contact intime. Il serait difficile, par exemple, de se donner la main, et encore y arriverait-on avec un peu de mal.

L'idée de ces photographies nous vient d'Amérique, pays des grandes entreprises et des

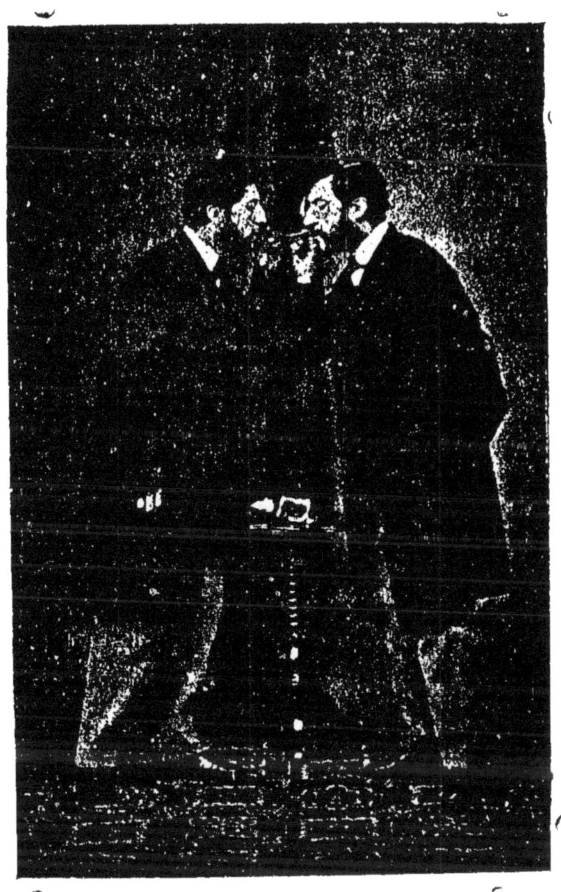

Fig. 3. — Reproduction d'une ancienne photographie amusante, où la même personne se donne du feu pour allumer son cigare.

conceptions grotesques. On les a nommées *siamoises* par allusion au phénomène physiologique des plus stupéfiants, présenté par ces deux frères liés ensemble qui parcoururent le Nouveau-Monde.

Ces effets, qui nous paraissent surprenants au premier abord, sont cependant d'une exécution très facile. Ils reposent sur le principe indiqué au chapitre précédent, savoir le manque d'action de la tenture noire sur la sensibilité de la plaque.

C'est ce qui a lieu pour les épreuves dites sur *fond russe*, où la partie dégradée du fond noir sur lequel pose le modèle se marie avec la marge non modifiée du cliché.

Précisons. Devant une étoffe noire et mate, bien tendue, pose la personne dans une attitude quelconque. Après une première impression, la personne se déplace pour être prise une seconde fois sur la même plaque dans une pose différente. La première fois, la couleur de l'étoffe, absorbant les rayons lumineux, est restée sans action sur la sensiblité de la couche du cliché, là où nul objet plus clair ne s'est interposé entre cette étoffe et l'objectif; à la seconde reprise, le noir n'a nullement modifié l'effet de la première impression.

Mais où le système est un peu plus compliqué, c'est quand il s'agit de supprimer une partie du corps, la tête, par exemple (fig. 4) Dans ce cas, le modèle voilera la partie à effacer d'une étoffe noire, arrangée de façon à éviter le moins de plis possible; dans la seconde pose, il aura le corps recouvert tout entier, en ne laissant dépasser que la tête, si c'est la tête qu'on a voulu supprimer Ne pas oublier, dans aucun cas, de retirer le meuble sur lequel on s'est assis ou appuyé la première fois, car la partie masquée par le corps s'imprimerait dessus.

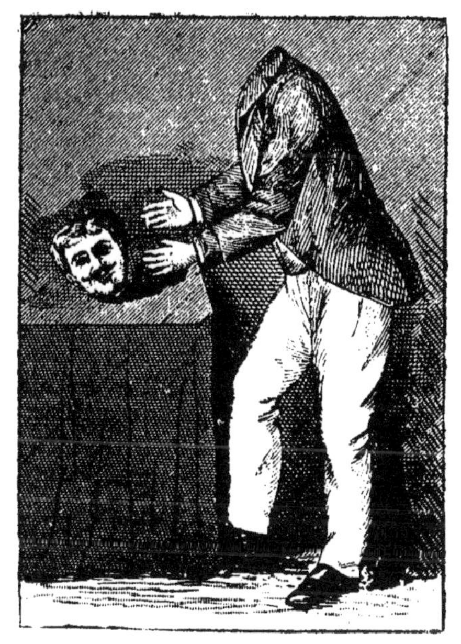

Fig. 4.

Pour la tête reposant sur les genoux (fig. 5), on la photographiera d'abord à la hauteur calculée et d'après les principes donnés, ensuite on fera la pose de la personne assise, à laquelle on voilera la face, et ainsi de suite pour toute les combinaisons de ce genre.

Nous avons dit plus haut qu'une seule circonstance se présente où l'obtention de ces effets est difficile : c'est lorsqu'il y a contact entre les deux personnages. Admettons qu'on veuille se faire représenter en se donnant une poignée de main.

Voici comment nous proposerions d'opérer :

Quelqu'un, caché derrière un rideau, donnerait la main à la personne découverte : cette main du personnage invisible, pour ne pas être apparente dans la première impression, serait gantée d'un gant noir, en laine ou en coton, et son bras serait soutenu par un appui-tête, afin que le modèle visible put retrouver exactement dans la seconde pose la place que ce bras occupait. Pour l'impression suivante on aura qu'à changer la mise en scène de côté.

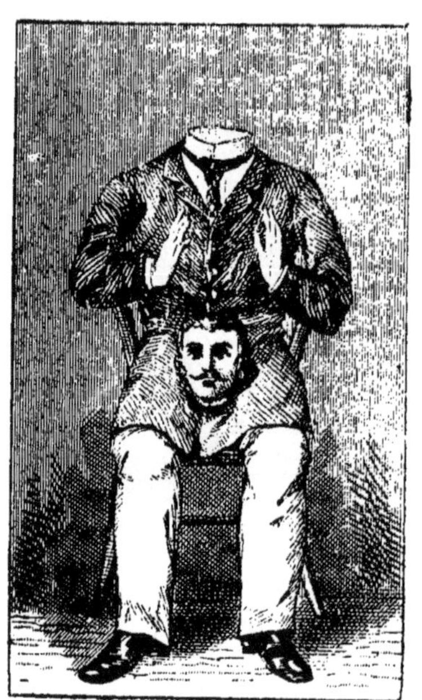

Fig. 5.

Avec un peu de réflexion et de patience, on arrivera ainsi à vaincre les difficultés que pourraient offrir toutes les combinaisons de cette nature.

Que dites-vous, par exemple, cher lecteur, de ce tableau : cinq ou six Sosie allant à la file indienne, dans des attitudes variées ; ou bien, comme dernière stupéfaction, un monsieur fuyant devant son fantôme?...

Et cet autre sujet donné par la figure 6 : le peintre, le portrait et le modèle représentent la même personne ?

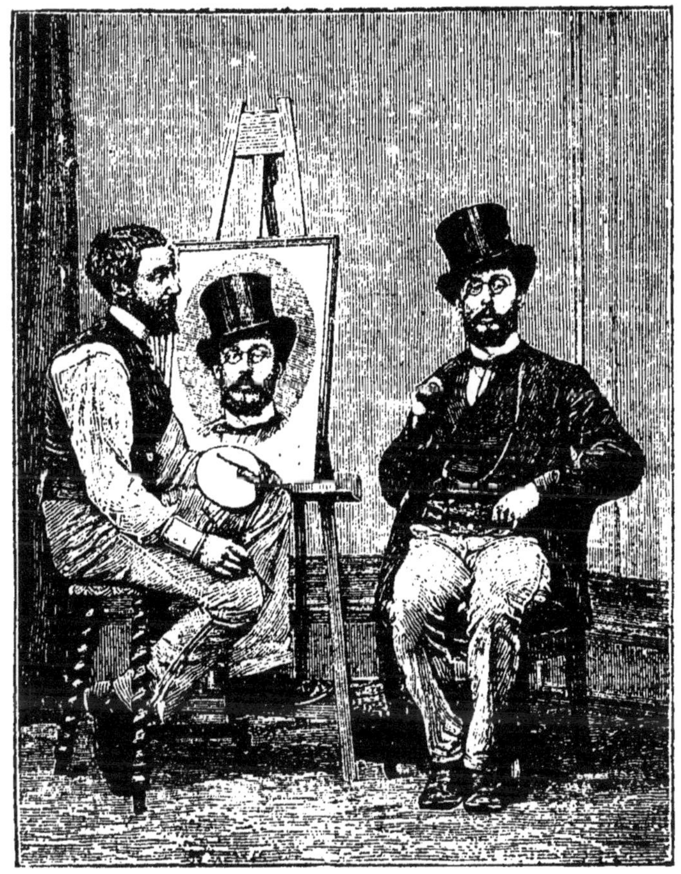

Fig. 6.

Ici la fantaisie n'a plus lieu sur fond noir, car nous devons dire, pour compléter cet article, que tous les fonds avec accessoires divers peuvent se prêter à la circonstance, mais en ayant recours à un procédé spécial d'opération.

Voici en quoi consiste ce procédé pour opérer sur fonds clairs :

Un châssis à deux volets, comme les portes d'une armoire, est placé dans l'appareil de photographie, devant le verre dépoli. La manœuvre de ces volets s'opère à l'aide de deux boutons sortant au dehors et fixés à la tige des charnières. Pour plus de précision dans l'indication de la place respective du modèle, il est bon de tracer, au milieu du verre dépoli, une ligne de démarcation. Après une première pose, on ferme le volet qui a servi à l'imprimer, pour ouvrir le volet destiné à la seconde pose.

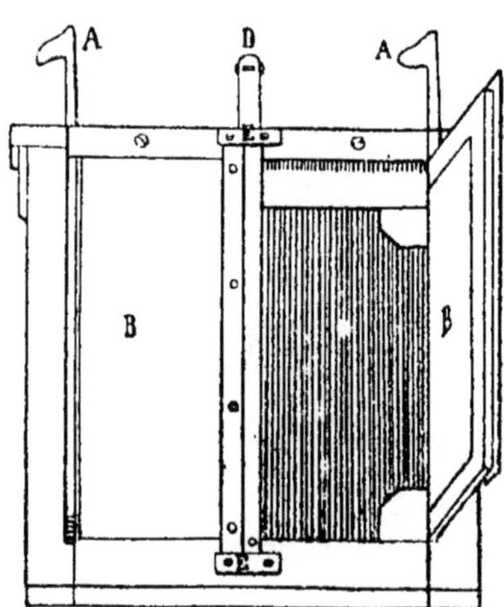

Fig. 7. — Châssis à battants pour les photographies amusantes.

Avec ce procédé, nous arrivons à doubler la même personne sur tous les fonds, même sur fond blanc. Quant à la légère trainée grise, presque inévitable, sur le milieu du cliché, résultant de la double opération, il est facile de la couvrir avec la retouche.

Nous comprenons maintenant le truc de la figure précédente, à effet triple. Bon pour le peintre et le modèle, direz-vous. Mais le portrait?... Eh bien, le portrait a été fait après coup; l'endroit de la toile sur le chevalet étant resté blanc, recevra, sur l'épreuve, dans une seconde exposition, la tête du modèle, au moyen d'un cache dégradateur.

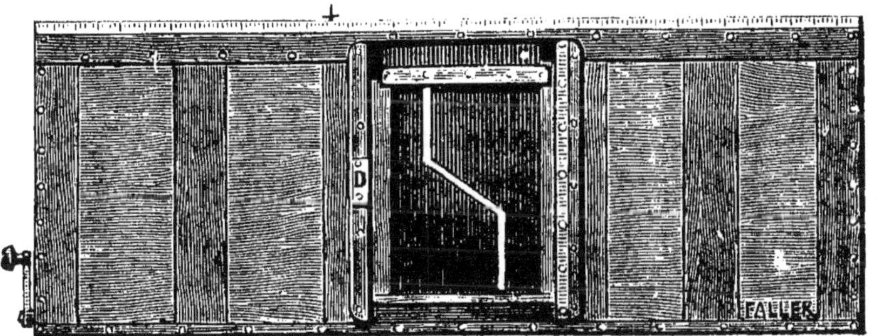

Fig. 8. — Chariot poly-poses.

Le moyen ingénieux de photographier deux fois la même personne sur la même plaque, par le châssis à volet, a été donné par un habitant de Grenoble, M. Henry Duc. A tout seigneur tout honneur.

Et voici que MM. E. Faller et V. Bracq, allant ou n'allant pas sur les traces du premier, nous dotent d'un appareil à même destination, *le chariot poly-poses*.

Le chariot en question s'adapte à toute chambre noire photographique et permet d'obtenir, sur le même cliché, la photographie d'un même sujet dans des poses indépendantes les unes des autres, ou dans des poses combinées Il y a donc progrès sur le précédant.

Cet appareil a été imaginé sur cette observation : si devant une plaque sensible, placée dans une chambre noire, on fait mouvoir un écran opaque dans lequel on aura découpé une fente, la plaque ne s'impressionne que sur le chemin parcouru et derrière la fente ; cette impression se produit au fur et à mesure du passage de cette fente devant la surface sensible.

Si donc, à certains points de repère marqués d'avance sur une réglette, on arrête l'avancement de la fente et qu'en même temps on ferme l'objectif on aura le temps de déplacer son modèle et de le replacer à *d'autres endroits*, déterminés d'avance et devant lesquels doit passer la fente de l'obturateur.

Le chariot *poly-poses* a été construit de façon à pouvoir faire avancer la fente de l'obturateur d'un mouvement uniforme et au gré de l'opérateur. La mise en plaque et la mise au point sont rendus aisés. Un index et une bande de carton ivoire placés sur l'appareil permettent de marquer les points d'arrêt. Aucun voile n'est à craindre du fait de l'appareil.

Les différentes places que doivent occuper le sujet sont d'abord repérées sur le sol. On a soin de laisser entre chaque personnage un certain espace. C'est dans ces espaces que doit s'arrêter la fente de l'obturateur entre deux poses. Comme les sujets pouvaient être séparés par des intervalles compris entre deux lignes droites on s'est servi d'un carton d'obturateur à fente droite. En regardant à travers le verre dépoli les points de repère marqués sur le sol, on a marqué sur le carton ivoire les endroits où l'index devait s'arrêter entre chaque pose.

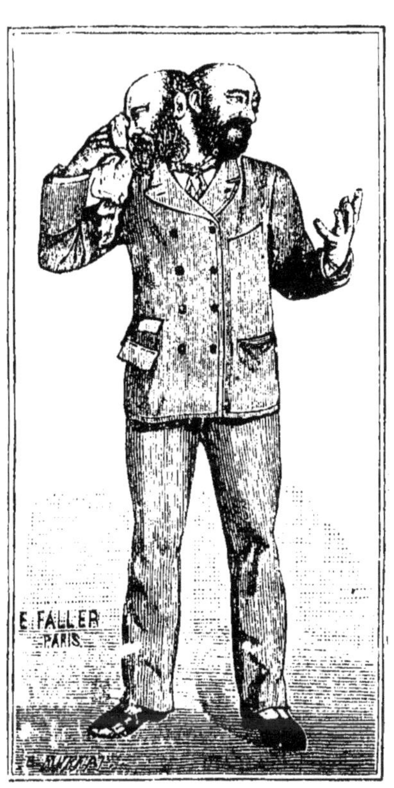

Fig. 9. — Epreuve obtenue avec le chariot *poly-poses*.

Pour opérer, on ramène l'obturateur de plaque au point de départ, le modèle se place à la première position qu'il doit occuper et, après avoir découvert l'objectif, on fait avancer la fente lentement et avec une vitesse régulière devant l'endroit occupé par le modèle. Quand l'index est arrivé au premier point marquant l'arrêt on cesse de faire avancer la fente et au même moment on obture l'objectif. On fait placer alors le modèle au second point de repère et on est prêt pour une autre pose qui se fait de la même manière que la première et ainsi des autres.

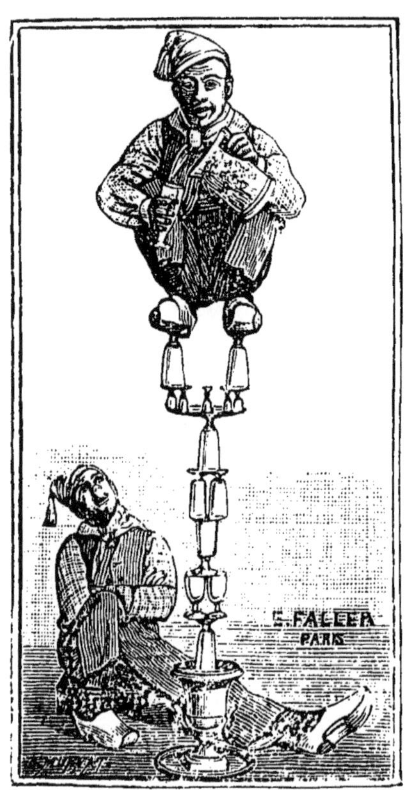

Fig. 10. — Epreuve obtenue avec le chariot *poly-poses*.

Si les espaces laissés entre chaque sujet n'avaient pu être limités que par des lignes courbes ou des lignes brisées on se serait servi de fentes courbes ou de fentes à lignes brisées.

On comprend qu'il est facile de varier les scènes à l'infini. On peut faire figurer dans une même plaque plusieurs personnes ; par exemple, un mari ayant la même femme à chacun de ses bras. Au moyen de certaines dispositions et de quelques trucs on parvient à reproduire des scènes aussi originales qu'amusantes, notamment celles de ces acrobates fantaisistes dont nous donnons la reproduction, et qui sont devenus, grâce à notre appareil, des équilibristes extraordinaires.

Nous voyons sur l'une un homme à deux têtes (fig. 9).

L'autre représente un buveur de bière juché sur deux piles de verres et de carafes, accomplissant ainsi un tour de force qui excite au plus haut degré l'admiration de son sosie assis par terre (fig. 10).

La troisième figure est à peu près semblable. Ce ne sont plus des verres qui soutiennent le plaisant équilibriste, mais des articles de gourmandise, flacons de liqueur, paquets de biscuits, objets fragiles, incapables de constituer des colonnes assez solides

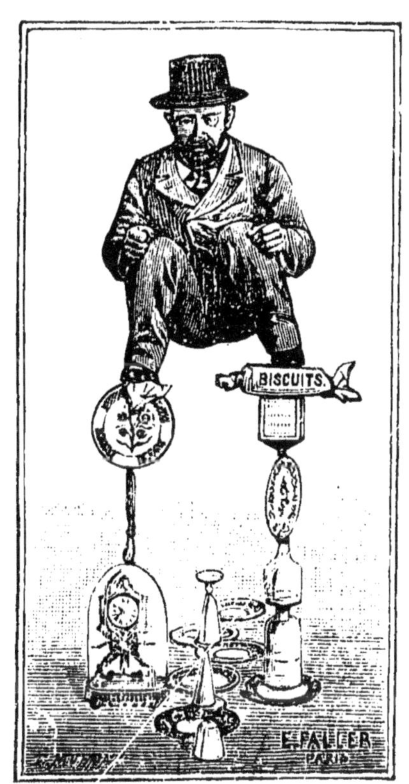

Fig. 11. — Épreuve obtenue avec le chariot *poly-poses*.

pour supporter le poids d'un homme (fig. 11).

Il est évident que le résultat est obtenu par la pose successive des objets et du modèle.

En un mot, à l'aide de certains articles, basés sur le système du châssis à volets ou du *chariot poly-poses*, avec des écrans mobiles destinés à ne laisser à découvert que la partie qui doit recevoir l'impression du modèle, on parvient à obtenir ainsi, sur la même plaque sensible, des poses très variées et très mouvementées du même sujet. Des marques horizontales, verticales, obliques, sont autant de points de repère pour le raccordement dans les poses diverses que prend la même personne.

LE STÉRÉOSCOPE

Léonard de Vinci, cet artiste doué d'un génie d'observation à la hauteur de son talent, fut le premier à définir scientifiquement le phénomène de la perception en relief des corps. Aujourd'hui, sans chercher à savoir à qui attribuer l'origine de cette théorie, tout le monde sait à peu près que l'effet du relief est produit par la vision simultanée de deux images semblables, vues par chaque œil sous un aspect tant soit peu divers.

Partant de ce principe, si nous voulons obtenir cet effet sur des images, il faudra que le point de vue à reproduire soit dessiné deux fois, d'abord comme il est vu avec l'œil droit, ensuite comme il est vu avec l'œil gauche : alors la réunion de ces deux dessins communiquera au cerveau, par le nerf optique, une sensation analogue à celle qu'il reçoit lorsque nous nous trouvons en présence du relief naturel. De la combinaison si simple de ces deux images, de ces deux dessins sur surface plane, naît pour l'intelligence une suite de plans isolés, détachés les uns des autres, ininterrompus jusqu'à l'horizon... n'est-ce pas merveilleux! Mais, pour mettre exactement à leur place ces deux dessins semblables et non identiques, où la différence dans la position des objets rapprochés par rapport aux plans successifs est si peu sensible, quel est le dessinateur capable de le faire? Il n'est pas dit qu'avec beaucoup de patience on ne pourrait y arriver, en employant par exemple l'orthorama, appareil à l'aide duquel on dessine la nature sur une mousseline noire, en regardant d'un œil par un petit trou : dans ce cas, il y aurait deux trous, un pour chaque œil, et l'on prendrait à deux fois successives le même point de vue sur deux châssis de rechange. Mais quel mal pour obtenir des à peu près, incapables en tout cas de donner une illusion parfaite, soit à cause des fautes des dessins, soit à cause de l'inexactitude dans le rendement des tons de la perspective aérienne. Aucun procédé ne pouvait mieux convenir dans cette circonstance que la reproduction photographique; aussi, dès que la photographie fut inventée, songea-t-on à en faire une application dans ce sens et on imagina le *stéréoscope*.

Nous ne voulons pas faire l'historique du stéréoscope, considéré comme étude des différents systèmes de lentilles employées depuis son invention : notre seul désir est de l'envisager au point de vue pratique. Grâce à cet appareil et grâce à la fidélité des deux images photographiées, nous pouvons jouir du relief parfait de la nature, c'est le plus important.

Nous avons compris que le relief du stéréoscope provient de la coïncidence physiologique des deux images au point de croisement des deux branches du nerf optique. Pour réunir ces images en une seule dans le cerveau, peut-être que deux simples petits trous suffiraient, avec la cloison intérieure de l'appareil; mais, ceux qui tenteront l'expérience s'apercevront de l'effort inouï qu'ils donneront à la vue, sans compter cette tension morale que nous appellerons la soumission intellectuelle à l'effet qui doit se produire. Alors, les lentilles deviennent indispensables : elles ont pour but non seulement de grossir, mais, avant tout, de disposer les yeux au mystère de la perception unique provenant de la perception isolée de chaque œil. Nous dirons ici, sommairement, que le premier système de stéréoscope fut celui à *réflexion* : vinrent ensuite les stéréoscopes à lentilles *prismatiques*, à lentilles *entières périscopiques* et le *stéréomonoscope*. En fait de stéréoscopes modernes, les meilleurs, ou ceux qui rendent le plus de services sont les stéréoscopes munis d'une vis de rappel, qui facilite la mise au foyer suivant la force de la vue.

Où nous devons nous étendre plus longuement, c'est sur l'obtention des épreuves stéréoscopiques par la photographie.

Les premiers appareils construits à cet usage furent monoculaires : on se rebutait devant les difficultés d'assembler deux objectifs de qualités égales. Un seul objectif monté sur une planchette à coulisse, se déplaçant à 65 millimètres, distance moyenne des yeux, imprimait l'une après l'autre deux épreuves négatives. On aurait pu se contenter de deux positifs directs, mais sous peine de voir la nature dans un ordre contraire, car l'image positive obtenue directement dans la chambre noire est comme un miroir dans lequel notre droite se trouve à gauche et réciproquement.

Les perfectionnements apportés dans la fabrication des instruments d'optiques permirent enfin de munir la chambre noire de deux objectifs, et alors on obtint les deux images en même temps et sur la même plaque. Mais voici l'inconvénient que présente l'emploi d'une seule plaque pour les deux négatifs : on est obligé, après impression sur papier, d'intervertir le rôle des deux épreuves, c'est-à-dire de coller l'épreuve de droite à gauche et celle de gauche à droite. En usant ainsi, on n'a recours à aucun subterfuge, on ne fait que rétablir l'ordre naturel. Déjà dans les premières années de l'invention stéréoscopique, on avait imaginé, pour remédier à cet inconvénient, un appareil redresseur des images négatives destinées à cet usage.

Mais pour les chambres qui n'en sont pas munies, on devra se conformer à la règle que nous venons d'indiquer.

Cela se comprend facilement si nous tenons compte de cette raison que l'image de la chambre noire se reflète à l'envers, c'est-à-dire la tête en bas.

Un négatif observé sur sa couche impressionnée donne par lui-même la droite à gauche et la gauche à droite; mais si nous opérions sur deux clichés séparés, l'ordre des côtés de l'image isolée serait rétabli sur l'épreuve positive, c'est-à-dire que le cliché de la vue droite fournirait une image correspondante à sa position. Tandis qu'en obtenant les deux clichés sur la même plaque, il se produit au tirage un effet contraire. Pour mieux saisir, nous proposons cette expérience :

Prenons en mains un cliché stéréoscopique à double empreinte et donnons-lui la position qu'il occupait dans la chambre noire. Examinons-le ensuite de son bon côté. Le paysage obtenu par l'objectif droit se trouvera à gauche et celui de gauche à droite. L'ordre serait encore rétabli dans l'impression positive s'il n'y avait pas ce fâcheux inconvénient des objets renversés. Faites alors pivoter la plaque sur elle-même, mais sans changer de place. Les objets ont la tête en haut à présent, mais l'image qui était à gauche a passé à droite et dans l'impression donnera une épreuve du côté gauche, tandis que l'image vue par l'objectif droit devrait occuper sa position correspondante sur l'épreuve positive. Si nous recommencions l'expérience sur deux clichés isolés, la plaque coupée avec un diamant, par exemple, et que nous les placions sur une table devant nous, après avoir marqué le négatif de droite avec une croix, nous n'aurions qu'à faire pivoter chaque cliché sur lui-même pour redresser sa position. Et le cliché de droite qui se trouve sur la table à gauche redonnerait une épreuve droite sur papier.

Bref, pour ceux qui se refusent à mettre leur esprit à contribution dans la recherche des causes, nous répèterons sommairement : si vous faites des clichés stéréoscopiques et sur la même plaque, puisqu'il n'existe pas d'autre appareil, lorsque vous aurez tiré les épreuves, vous les couperez et intervertirez leur position en les collant sur carton. Ayant ainsi rétabli l'ordre naturel vous jouirez dans le stéréoscope d'une illusion parfaite.

Nous sommes obligés de fixer l'attention des lecteurs sur un autre point. Il est relatif, celui-ci, à la carte stéréoscopique elle-même, préparée dans de bonnes conditions. On observera sur l'image de droite que le premier plan gauche de cette image est beaucoup plus développé que le plan correspondant sur l'image de gauche, et ainsi pour le premier plan droit de l'image de gauche. La raison est encore facile à saisir. Supposons que dans un paysage, un mur placé à gauche soit perpendiculaire à notre œil gauche : nous ne verrons qu'une ligne, n'est-ce pas, tandis qu'avec l'œil droit nous distinguerons déjà le pan du mur. Cette remarque est inutile lorsque les deux épreuves, redressées comme nous l'avons expliqué, sont obtenues d'après l'appareil binoculaire; mais où elle a de la valeur, c'est dans le cas où nous aurions l'intention d'utiliser à cette fin un appareil ordinaire de photographie et sans introduire intérieurement aucune modification.

Lorsque nous nous sommes mis à étudier le stéréoscope, nous n'avions pas encore d'appareil binoculaire. Nous possédions seulement, comme appareil pouvant se prêter le mieux à cette expérience, une charmante petite chambre anglaise avec objectif rectilinéaire, une merveille du genre, achetée à l'exposition de 1889. Nous imaginions alors deux planchettes à coulisses, dont l'une fut destinée à être fixée au pied, l'autre à la chambre; grâce à ce système, nous déplaçions notre appareil à 65 millimètres vers la gauche, lorsque nous avions fait la première pose, pour nous occuper de la seconde. La distance des 65 millimètres était déterminée automatiquement par un ressort avec cheville entrant dans deux trous pratiqués en dessous de la première planchette.

Pour ce qui concerne les clichés, nous marquions d'un signe avec un diamant la première plaque destinée à la vue de droite, la seconde l'étant pour celle de gauche. L'idée n'est pas de nous, nous revendiquons seulement l'invention du système des planchettes et de celui des caches, dont nous allons à l'instant entretenir le lecteur. Ces caches, ou papiers noirs avec ouverture rectangulaire de la grandeur des épreuves stéréoscopiques, ces caches, disons-nous, avaient pour but d'éviter les tâtonnements dans l'assemblage et le montage des épreuves à chaque nouvelle reprise. Nous avions fait le calcul une fois, lequel consistait à rapprocher les deux épreuves l'une de l'autre, de façon à ce que les points identiques de chacune d'elles fussent placés à la distance réglementaire de 65 millimètres; alors, avec un calibre en verre, nous coupions chaque épreuve, en tenant compte de la différence dans l'extension des plans latéraux, comme il a été dit à son endroit. Le résultat ayant été excellent, nous fîmes des caches avec le même calibre, et après avoir repéré sur les premiers clichés les deux épreuves, nous remarquions de quelle grandeur devaient être les marges, pour que ces caches de gauche et de droite coupés pareillement puissent nous servir pour toutes les séries de clichés, sans entrer dans d'autres calculs. Il va sans dire, dans ce système de clichés séparés, que l'épreuve tirée sur le cliché de droite conservera sa position droite sur le carton et ainsi pour celle du côté gauche; on aura qu'à les marquer à l'envers avec un crayon pendant l'impression, pour les distinguer au moment du collage.

Chacun pourra donc faire de la photographie stéréoscopique avec un simple petit appareil monoculaire. Mais nous devons signaler les inconvénients de ce système. Il est d'abord, impossible d'obtenir des instantanés sur des corps en mouvements, à cause de l'opération successive et non simultanée ; ensuite, malgré toutes les précautions prises, au point de vue de l'égalité dans la durée de pose et du développement des plaques, les deux clichés, le plus souvent, sont inégaux de force. On peut remédier, il est vrai, à ce défaut, par le tirage qu'on poussera plus ou moins, ou bien encore par le renforçage du cliché plus faible. En somme, il ne faudra pas se rebuter devant de petits ennuis, car, nous le répétons, la plupart des épreuves stéréoscopiques que nous avons obtenues par ce moyen nous ont donné d'excellents résultats.

Nous ne terminerons pas cette question stéréoscopique sans citer la description donnée par M. C. de Montluisant dans l'*Amateur Photographe*, sur la transformation économique d'une chambre 13×18 ordinaire en chambre stéréoscopique, confirmant notre manière de procéder et qui est certainement de nature à intéresser le lecteur :

« Ce procédé très simple qui m'a permis, sans « aucune dépense de matériel, de prendre des « vues stéréoscopiques avec une chambre noire « du format 13×18, pourra peut-être rendre « service à quelques amateurs.

« Les objectifs à foyers égaux m'ont été four- « nis par une *jumelle lorgnon* n° 2, de Clermont, « opticien à Paris, mais tout autre jumelle aurait « fait le même effet.

« Dans une planchette de rechange ont été dé- « coupés deux trous espacés de 7 centimètres 1/2 « d'axe en axe, et assez grands pour recevoir les « deux lentilles qui y ont été vissées à fond avec « leurs montures. Derrière et contre ces lentilles « ont été appliqués à forcement, en guise de « diaphragmes, des disques minces en carton « noirci, percés au centre d'un trou rond de « 3 millimètres environ avec l'emporte-pièce « d'un couteau de poche.

« La séparation stéréoscopique, en forme de « trapèze, a été taillée dans un couvercle de « boîte à cigares et munie de deux bouts d'épin-

« gles en guise de pivots. Pour la mettre en « place, deux petites encoches ont été pratiquées

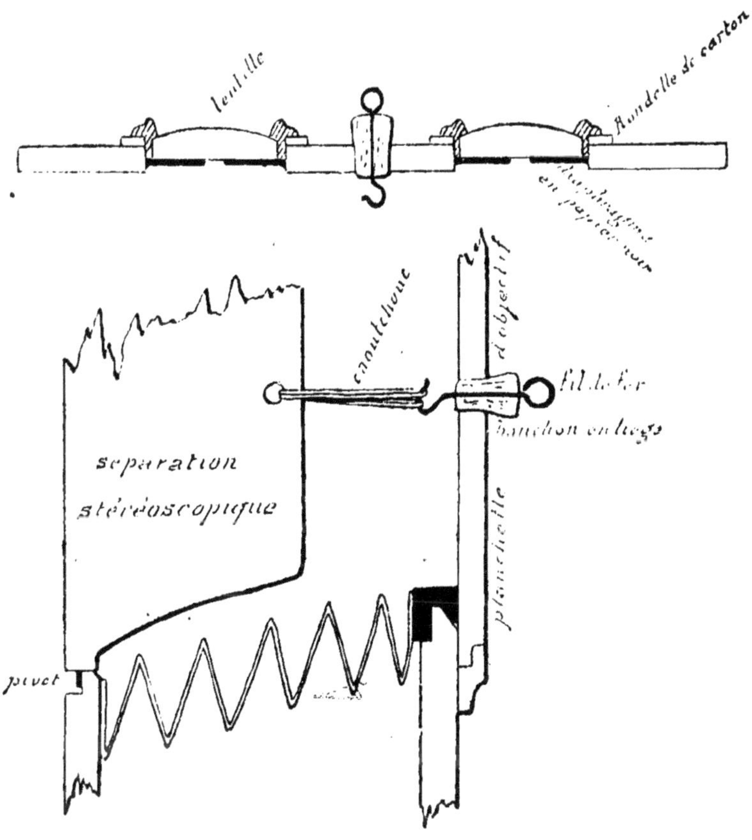

Coupes de la planchette et de la chambre noire.

Fig. 12.

« en haut et en bas du cadre contre lequel vient « buter le verre dépoli; les pivots s'y sont encas- « trés et le volet a été maintenu perpendiculaire

« au plan du châssis par un anneau de caout-
« chouc rouge passé dans un petit trou de ce
« volet et fixé à la planchette d'objectifs. Un
« bouchon de liège, enfoncé dans la planchette
« entre les deux lentilles et traversé lui-même
« par un fil de fer recourbé, a résolu l'accro-
« chage du caoutchouc (fig. 12).

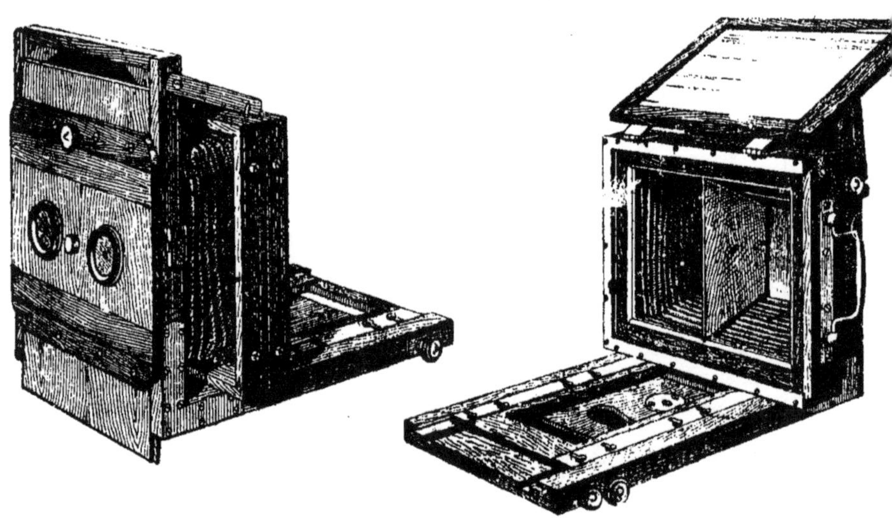

Fig. 13 et 14. — Vues extérieure et intérieure de l'appareil 13×18 transformé en appareil stéréoscopique.

« La planchette munie de ses deux lentilles,
« le volet et le bouton à crochet, constituent un
« supplément de poids insignifiant Au moment
« d'opérer stéréoscopiquement sur le terrain, on
« met le tout en place en commençant par la
« planchette qui ne doit présenter aucune saillie

« sur sa face postérieure. (Si les lentilles étaient « trop épaisses, il suffirait de les munir d'une « rondelle en carton plus ou moins fort avant de « les visser).

« Quant à l'obturateur, c'est le voile noir à « deux doubles qui en fait office. J'en couvre le « devant de la chambre noire pendant l'ouver- « ture du châssis négatif, puis je le roule hori- « zontalement de bas en haut jusque près des « objectifs que je découvre ensuite brusquement « pendant le temps de pose voulu. »

A présent que le lecteur est au courant du système stéréoscopique et des procédés de photographie appliqués à son service, nous n'avons plus qu'à lui conseiller d'apporter une grande attention dans le choix des épreuves vendues dans le commerce. Beaucoup sont défectueuses : les unes fatiguent la vue, ou pour mieux dire, tirent les yeux au point d'occasionner une souffrance réelle; les autres manquent absolument de relief. Cela tient à l'incompétence du fabricant, ou à son manque d'attention et de conscience. Nous avons vu, par exemple, une quantité d'épreuves représentant les monuments de l'exposition de 1889, où le relief stéréoscopique était nul, et pour une bonne raison, c'est que l'éditeur n'ayant qu'un seul cliché du monument, avait tenu à l'utiliser quand même dans un but de rapport. Après examen des deux épreuves de la carte, nous reconnaissions qu'elles étaient identiquement les mêmes. Dans ce cas, on n'obtient qu'un grossissement de l'image simple et un semblant de relief, comme ceci se voit dans le monoscope. Dans l'étude appliquée à ce cas, on pourrait se laisser tromper facilement par la différence donnée aux fractions des plans de gauche et de droite, comme il a été dit dans un passage relatif à ce sujet; mais nous savons que cette condition est insuffisante pour obtenir l'effet du relief.

En un mot, pour que la double épreuve stéréoscopique réalise les conditions voulues, il faut que les objets correspondants sur les deux images ne soient ni trop rapprochés ni trop écartés ; ensuite que ces deux images soient semblables, mais non identiques. Prenons comme exemple une vue représentant un poteau télégraphique en avant, et un clocher de village à l'horizon, sur lequel il empiète. Si le poteau ne fait qu'une ligne avec le clocher sur l'épreuve de droite, assurément il passera à sa droite sur l'épreuve de gauche.

On appliquera très facilement l'étude de cette théorie, chez soi, en tenant un crayon verticalement et en le confrontant à distance avec les lignes d'un meuble ou la fente d'une porte. On fermera d'abord l'œil gauche, ensuite l'œil droit, et l'on sera étonné de la différence des deux positions du crayon par rapport à la ligne éloignée. Qu'on nous pardonne de proposer une expérience aussi primitive, mais elle a un rapport intime avec ce que nous venons de dire relativement au choix des épreuves stéréoscopiques.

Le stéréoscope eut beaucoup de vogue dans les premières années de son apparition; il eut aussi son abandon, comme tous les caprices de ce monde. Aujourd'hui l'on y revient, et ce n'est pas à tort, car la distraction est fort agréable dans les soirées d'hiver; on se souvient des excursions de l'été, et si les images sont là, on revoit les lieux charmants non plus dans sa mémoire, mais en réalité.

DÉMONSTRATION FIGURÉE DE NOTRE THÉORIE DES CLICHÉS STÉRÉOSCOPIQUES

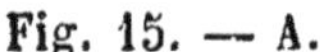

Fig. 15. — A.

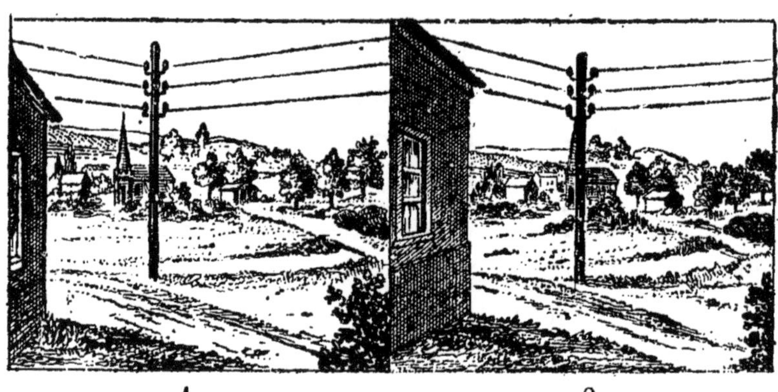

1. 2.

Le paysage n° 1 est vu de l'œil gauche, celui du n° 2 est vu de l'œil droit. Cette figure est donnée comme exemple d'une carte stéréoscopique composée dans de bonnes conditions.

Fig. 16. — B.

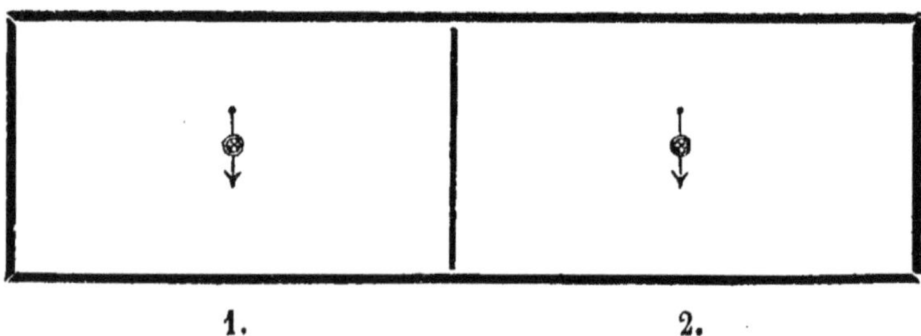

1. 2.

Aspect des deux paysages dans la chambre noire. L'ordre est naturel, mais les objets sont renversés.

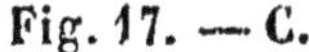

Fig. 17. — C.

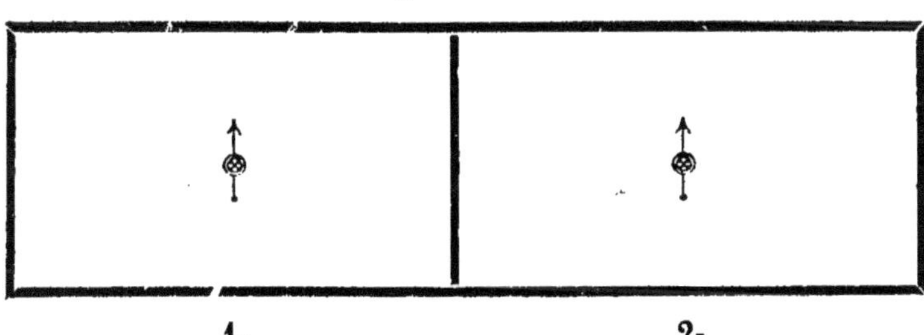

Ordre des deux paysages sur le négatif observé du côté de la couche sensible.

Fig. 18. — D.

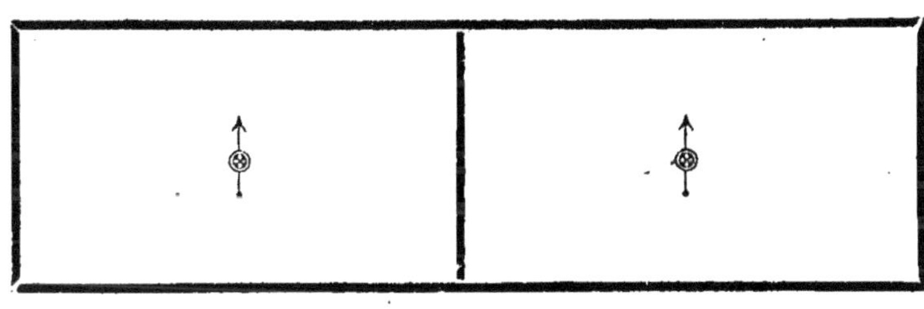

Cette figure donne le résultat obtenu par le tirage sur papier, sans y apporter de modification. Nous comprendrons ainsi comment la vue droite nº 2 est passée à gauche et réciproquement.

Il est donc indispensable, pour rétablir l'ordre, de couper les deux épreuves et de les coller dans l'ordre indiqué dans la première figure (A), qui est celui de la nature.

Cet inconvénient, comme nous l'avons démontré plus haut dans notre théorie, est causé par la liaison des deux épreuves négatives sur un même cliché. Il n'aurait pas lieu si chacune de ces épreuves que l'on voit à l'envers dans la chambre noire, pouvait être retournée séparément et séparément imprimée.

PHOTOGRAPHIES MOUVANTES

ET PHOTOGRAPHIES PARLANTES

Le phénomène physique dont nous avons l'intention d'entretenir le lecteur, n'est autre chose que l'application de la photographie à l'appareil nommé phénakistiscope, table stroboscopique, ou zootrope. Cet appareil, qui est un disque tournant sur lequel des figures semblent se mouvoir, est à peu près aussi connu que le stéréoscope; mais si nous remplaçons les figures dessinées par des épreuves photographiées sur nature dans les attitudes successives d'une même action, l'illusion du mouvement sera beaucoup plus complète : c'est encore une application des plus heureuses de la photographie.

Pour l'homme qui s'y prête complaisamment, l'opération est très simple; encore doit-on choisir une action facilement décomposable, où les fractions de mouvement sont dépendantes de la volonté, comme la marche, par exemple, ou les poses successives d'un ouvrier fendant du bois, etc.

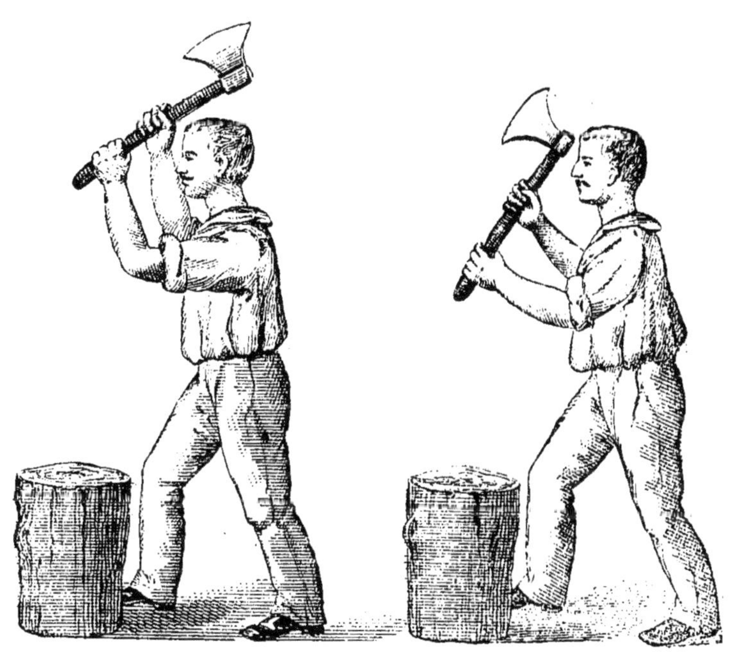

Fig. 19 et 20.

Chacun peut tenter ces expériences avec un appareil ordinaire. Mais l'opération devient plus compliquée, ou du moins n'est plus à la portée de tous, lorsqu'il s'agit de reproduire le saut ou bien le mouvement des animaux, car alors des instruments spéciaux sont indispensables.

Un journal bien connu, l'*Amateur Photographe*, a donné anciennement un compte rendu très détaillé du système qu'emploie un savant académicien, le docteur Marey, pour prendre des clichés sur la nature animée. L'appareil est un fusil, muni à l'endroit de la culasse d'une petite chambre noire avec son objectif. L'obturateur est un disque percé d'une fente minuscule, disque

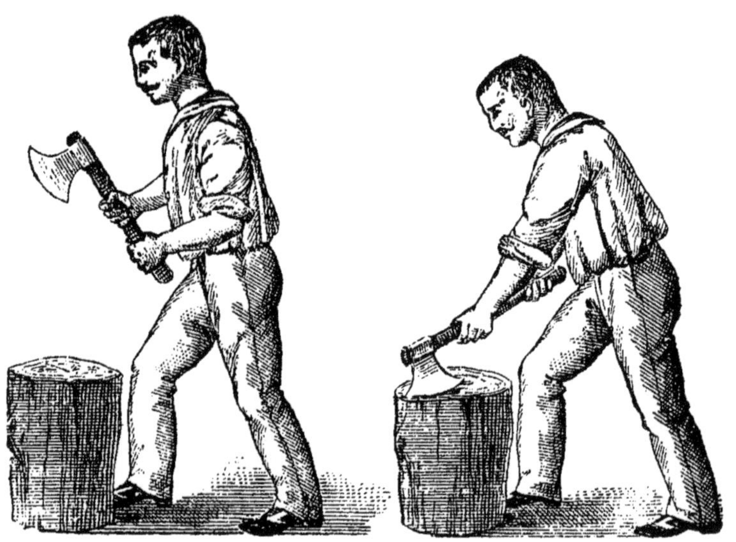

Fig. 21 et 22.

Fig. 19, 20, 21 et 22. — Quatre poses successives d'un fendeur de bois, donnant dans le phénakistiscope, l'illusion du mouvement.

tournant à toute volée. Chaque fois que la petite fente passe devant le foyer de l'objectif, il se produit une impression sur la pellicule sensible de la chambre. Cette pellicule, paraît-il, se déroule pendant une seconde sur la longueur d'un mètre, grâce à l'appareil tendeur composé de deux bobines, sur lesquelles elle est emmagasinée.

Que l'on juge de la rapidité avec laquelle se produit chaque opération, et du nombre de clichés que l'on obtient d'un mouvement accompli!

En une seconde, on prend cinq poses du vol de l'oiseau, une suite analogue d'une botte d'escrime, du saut à la perche, de la course du cheval, etc., etc. Eh bien, si nous faisons passer une série de ces épreuves sur le disque du phénakistiscope, l'oiseau auquel on a ravi le mystère du vol, volera; le tireur répètera son coup de pointe ou de tierce; le sauteur franchira ses quatre ou cinq mètres comme il l'a fait en nature, et le cheval courra sans s'arrêter. Et toutes ces merveilles sont réalisées, grâce à l'extrême sensibilité du bromure d'argent étendu sur la gélatine.

Voilà ce qui existe, mais voici en quoi le procédé de la « photographie mouvante » est incomplet. Il est incomplet en ceci, c'est que le phénomène ne se produit pas stéréoscopiquement. Nous ne le voyons pas en relief, il se présente à notre sens comme si nous le voyions d'un œil. La difficulté n'est pas du côté de la photographie, car plutôt que de prendre un cliché avec un objectif, on en prendrait tout aussi bien deux avec un appareil binoculaire (voir l'article précédent); la difficulté consiste dans l'application du stéréoscope au phénakistiscope.

Le problème est tentant, aussi, lorsque l'invention du stéréoscope fut devenue populaire, excita-t-il l'esprit ingénieux de beaucoup de gens.

Parmi ceux qui entreprirent cette tâche, un opticien de Paris, M. Duboscq, obtint le plus de succès. Il construisit deux systèmes différents de phénakistiscope pour réussir à faire coïncider au mieux les deux séries des épreuves stéréoscopiques placées dedans, dans la rencontre du foyer de chaque lentille du stéréoscope lui-même. Il réunit ainsi l'illusion des figures mouvantes avec l'effet du relief. Mais ces essais ne furent pas exempts de défauts : l'inventeur ne put éviter une espèce de confusion et d'irrégularité dans la représentation de l'objet pendant l'évolution des disques, et les appareils de M. Duboscq tombèrent en désuétude.

Quelques années ensuite, un savant, M. Claudet, reprit les expériences de M. Duboscq, mais sans arriver encore à la perfection. Seulement, il fit une découverte d'un autre genre. Il essaya le stéréoscope non comme auxiliaire de l'appareil des figures mouvantes, mais en guise de phénakistiscope lui-même.

En donnant une description sommaire de l'appareil que M. Claudet présenta à la Société royale de Londres, nous ferons connaître le phénomène d'optique étrange qui en résulte. Il fit tourner deux images au point de perspective des lentilles du stéréoscope, l'une représentant le commencement d'une action, l'autre la fin. Pendant qu'une de ces images passait devant sa lentille respective, un disque fermait la lentille jumelle, et ainsi pour l'autre image et la lentille opposée, c'est-à-dire qu'un des mouvements de l'action se montrait à un œil seulement. Ce passage alternatif des deux figures produit, paraît-il, l'effet du mouvement complet. Il est préférable, dit l'inventeur, d'employer plusieurs figures, pour que l'expérience se fasse avec plus de succès, car « l'illusion de la réalité souffre du passage abrupt, l'un à l'autre, de deux mouvements extrêmes et du manque de phases intermédiaires », mais il a démontré que deux figures suffisent.

Nous nous arrêtons à ce court exposé du procédé de M. Claudet, car sa découverte s'est bornée à quelques expériences intimes, et nous ne voyons pas qu'on en ait fait une application commerciale.

Passons au second sujet de cet article, à la photographie parlante.

Nous voyons avec quel intérêt le lecteur attend l'explication de ce phénomène.

Sont-ce des paroles à haute et intelligible voix, que l'épreuve photographique prononce ?

N'exigeons pas l'impossible, au moins pour le moment. Non, la photographie ne prononce pas encore de paroles, mais la parole n'est pas que dans le son, elle est aussi sur les lèvres, et c'est précisément le mouvement des lèvres qu'on a saisi et rendu, comme l'on a saisi et ensuite rendu le battement des ailes de l'oiseau, les coups de l'escrime, le saut et la course.

Une suite de clichés instantanés du mouvement des lèvres est prise pendant l'action de la parole ; les épreuves tirées sur ces clichés sont placées dans l'appareil des figures mouvantes, comme il a été expliqué au commencement de ce chapitre, et nous donnent l'illusion de la réalité. La figure, quoique silencieuse, parle ; le son s'est envolé, insaisissable à la photographie, mais le son est-il d'une nécessité absolue pour comprendre la parole, la mimique des lèvres ne peut-elle pas suffire ?

Les sourds-muets qui ont fait les études appropriées à leur condition savent lirent sur les lèvres. Cette science, très pénible pour eux, à cause de l'ignorance du langage et de la formation du son, leur devient familière dans la suite : l'instinct d'observation qu'ils ont développé à un très haut degré, contribue beaucoup à son acquis.

Pour nous, cela ne demande qu'un peu d'attention, et voyant remuer les lèvres de l'image photographique combinée, nous comprendrons fort bien ce qu'elles veulent dire.

Avouons que l'idée est des plus belles. C'est bien le digne pendant du phonographe.

Qui sait même ce que l'avenir nous réserve? Dans la photographie, le phénakistiscope, le stéréoscope et le phonographe reposent assurément les principes d'une combinaison prodigieuse!... mais retenons l'élan de nos pensées vagabondes et saluons avec admiration les progrès accomplis jusqu'à ce jour par la science!

LES PHOTO-CARICATURES

Nous nous étions amusé une fois à pratiquer une singulière opération à un groupe d'amis et d'amies, les leurs bien entendu, que nous avions photographiés. Nous tirions deux épreuves de ce groupe; l'une fut collée et dans l'autre nous découpions soigneusement toutes les têtes. Alors, en recherchant les plus grands contrastes, nous fixions la tête fine d'une femme sur le corps trapu d'un homme et ainsi de suite. Après les retouches nécessaires, nous passions l'épreuve sous une presse à satiner, nous l'encaustiquions et nous la montrions à la joyeuse société qui s'en est beaucoup réjouie.

Nous ne devrions pas nous vanter d'une idée aussi lumineuse, mais l'effet fut des plus bizarres. La plaisanterie serait même d'assez mauvais goût pour des personnes sérieuses, mais nous avions prévenu comment la chose eut lieu.

Pour que l'illusion fut plus parfaite, et n'ayant qu'un groupe de deux personnes à combiner de la sorte, on pourrait le faire par le tirage. D'abord, on cacherait les têtes sur le cliché, ensuite par des contre-caches, on voilerait les corps en intervertissant la seconde fois la place des têtes. Mais vous voyez le mal : aussi, jugeant que notre idée ne valait pas le tourment que nous nous serions donné, nous nous sommes contenté de découper et de couvrir.

Cette pratique est, du reste, très fréquente chez les gens du métier, et nous conterons à ce propos, une anecdote (voir *Anecdotes*) ; mais l'ordre des matières nous obligeant à continuer le sujet, nous passons à d'autres genres de caricatures.

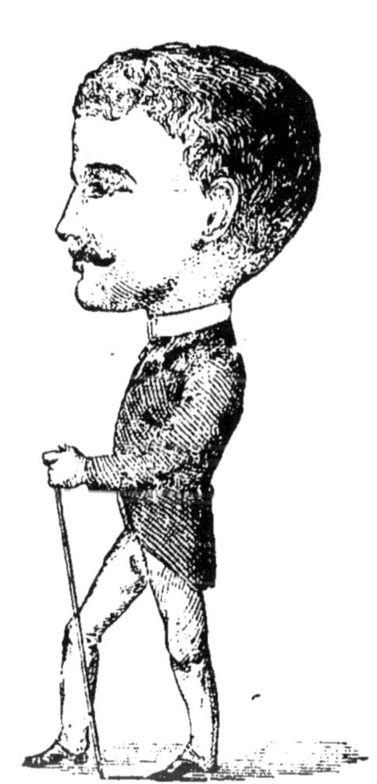

Fig. 23.

Celle-ci (fig. 23), représente une grosse tête sur un petit corps :

La tête, découpée d'une carte-album, est collée sur un torse minuscule, dessiné à l'encre de Chine ou tiré d'une gravure de mode ; le tout est réduit par la photographie.

Au lieu d'employer une gravure pour le torse lilliputien, qui nous empêche de faire deux clichés de la même personne et de raccorder sur le papier, par une double impression, la grosse tête avec le petit corps photographié sur nature?

Si vous préférez obtenir ce résultat sur une plaque unique, nous vous renverrons, chers lecteurs, à l'article des *Effets sur fond noir et sur fond blanc*. Vous cachez la tête du modèle avec un voile noir, et après une marque faite sur le verre dépoli, vous obtenez la pose disproportionnée de la tête, ayant eu soin de couvrir le corps. L'emploi du *châssis à volets* ou du *châssis poly-poses* nous permettra également d'atteindre ce but, et sur tous les fonds.

Une photo-caricature, nouvelle preuve d'un effet comique, sinon monstrueux, est obtenue par le châssis à volets de M. Duc de Grenoble. Un chapeau est fixé solidement après un appui-tête et la même personne vient successivement offrir ses deux profils.

Nous ne voulons pas entreprendre la lourde tâche d'indiquer à l'amateur désireux de se distraire, tous les subterfuges que soumettent à son imagination les procédés connus de la photographie.

Nous nous arrêterons à quelques exemples :

Comme sont grotesques les photographies des figures réfléchies dans les miroirs excentriques!.., Ou bien, en utilisant l'exagération de la perspective produite par les objectifs à court foyer, comme nous arrivons à sortir de la vérité

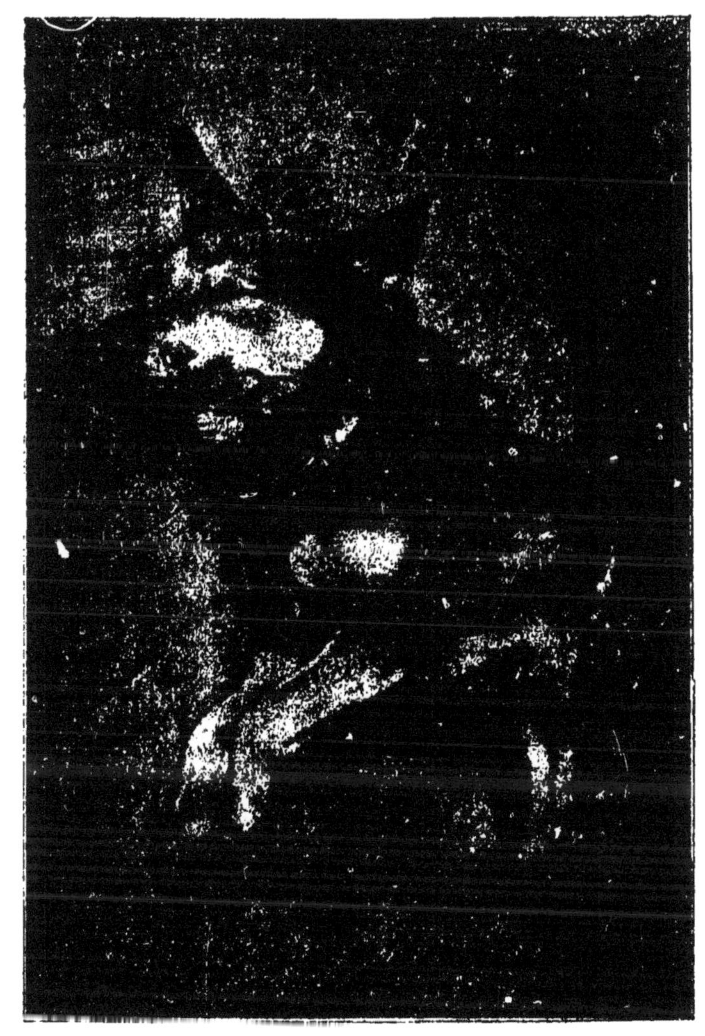

Fig. 24.

et quelle déformation pouvons-nous obtenir! Prenons par exemple un pêcheur à la ligne. Le poisson pendu à l'hameçon est au premier plan, tout près de l'instrument : alors, le pêcheur, apparaissant dans le lointain, semblera soutenir au bout de sa ligne un poisson gigantesque. L'illusion sera plus parfaite, si l'homme donne à sa pose l'idée d'un effort considérable, accompli en vue du poids qu'il supporte.

Le portrait du chien indiqué fig. 24 peut se ranger dans le même ordre d'idées. Quelle singulière physionomie il présente !

En réalité nous ne devons pas mettre la faute de ces déformations uniquement sur l'objectif, surtout lorsqu'il est rectilinéaire. Les rectilignes, ou aplanatiques (qui redressent les places selon la perspective naturelle) ne produisent la distorsion que si l'on s'en sert mal, que lorsqu'on force leur puissance. C'est la distance entre le sujet et l'appareil qu'il faut observer.

Les effets grotesques que nous donnons comme exemple ne sont pas aussi faux qu'on veut bien le croire : ils sont l'illusion produite par les règles naturelles de la perspective. Un dessinateur à bonne entente, dans la prise d'un croquis, évitera tout aussi bien qu'un photographe ce grandissement des objets au premier plan. A moins qu'un nombre plus grand d'objets ne fuient graduellement vers l'horizon : alors le contraste sera moins violent.

En nous basant sur des illusions de perspective, nous obtiendrons le raccourcissement d'une figure par la reproduction d'une carte, si nous la tenons penchée; nous l'allongerons, si nous la mettons en biais, debout, et ainsi de suite.

Que de curieux phénomènes encore présenteront des gens photographiés d'une proéminence ?... Plus l'instrument approchera de la tête, plus l'effet sera étrange. Ils auront l'air de gens écrasés, se traînant péniblement sur de petites jambes.

Nous ne nous étendons pas davantage sur l'article des distorsions en photographie qui ne sont que des effets réels de perspective La récente découverte de M. Ducos du Hauron, pour l'obtention de portraits grotesques, nous ouvre une voie nouvelle : c'est le *Transformisme en photographie*, par le pouvoir de deux fentes.

Ecoutons les paroles de l'auteur :

« L'art du *Transformisme en Photographie*, tel que je l'ai imaginé, repose sur une loi d'optique qui n'a été enseignée, du moins à ma connaissance, par aucun physicien, et qui peut s'énoncer ainsi :

« Lorsque, dans un local abrité contre les clartés du dehors, un filet de lumière s'introduit, non point par l'orifice qui serait percé dans un volet, mais par l'intersection de deux fentes, différemment dirigées, pratiquées dans deux écrans successifs plus ou moins espacés entre eux, il se produit sur la surface où s'épanouit ce filet de lumière, une image caractérisée par le changement des proportions relatives des choses représentées. »

Le simple raisonnement indique en effet que, à la différence d'une représentation exactement symétrique du modèle, telle qu'elle résulterait du passage de tous les rayons qui émanent de ce modèle par un orifice unique, cette représentation, si elle s'opère à l'aide des deux fentes entre-croisées à distance dont il s'agit, est due à des rayons qui émergent d'une multitude de points d'intersection ; suivant que ces points d'intersection seront distribués d'une manière ou d'une autre, les formes des objets représentés se modifieront à l'infini.

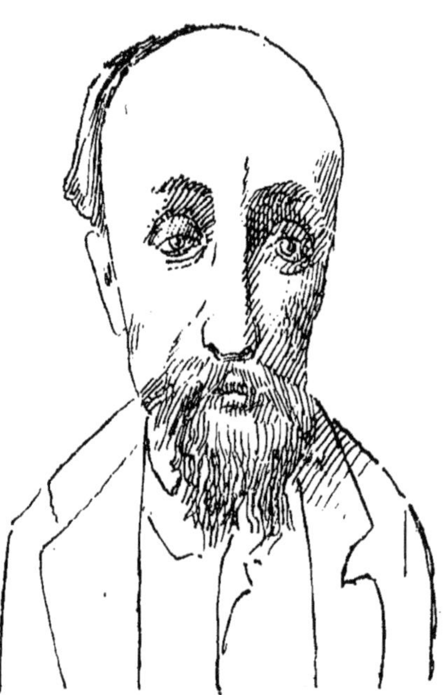

Fig. 25.

« Ainsi, par exemple, si la première des deux

fentes qui livrent successivement passage à la lumière est une fente verticale et si la seconde fente, c'est-à-dire celle qui est la plus voisine de l'image, est horizontale, l'image, comparée

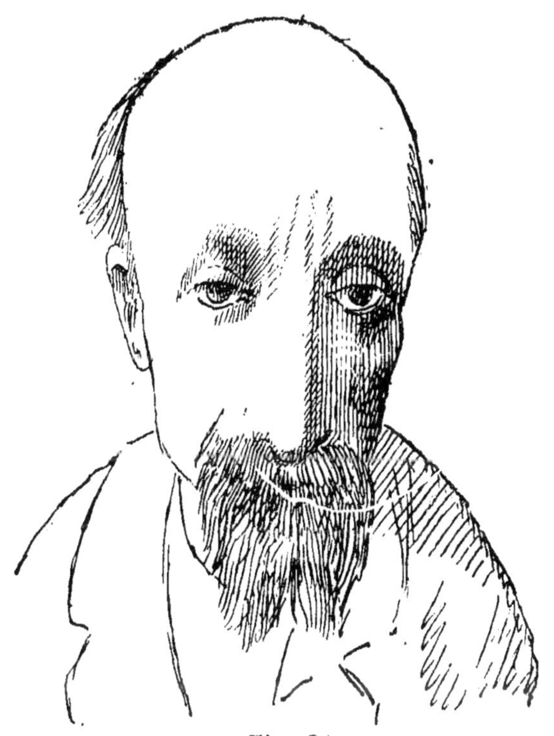

Fig. 26.

au modèle, sera amplifiée dans le sens de la hauteur (fig. 25, 26, 27 et 28). Cette modification provient de ce que, des deux éléments ou traînées de rayons qui concourent à la formation de l'image, l'élément horizontal, s'introduisant par la fente verticale, qui est la plus éloignée de cette image, s'y épanouit avec des dimensions proportionnelles à son éloignement, tandis que l'élément vertical, s'introduisant par la fente horizontale, se projette avec des dimensions réduites.

« De même, si l'une des deux fentes, au lieu d'être rectiligne, décrit une ligne courbe, l'image, suivant que cette fente est verticale ou horizontale, offrira dans le sens vertical une ondulation correspondante (fig. 29, 30, 31 et 32).

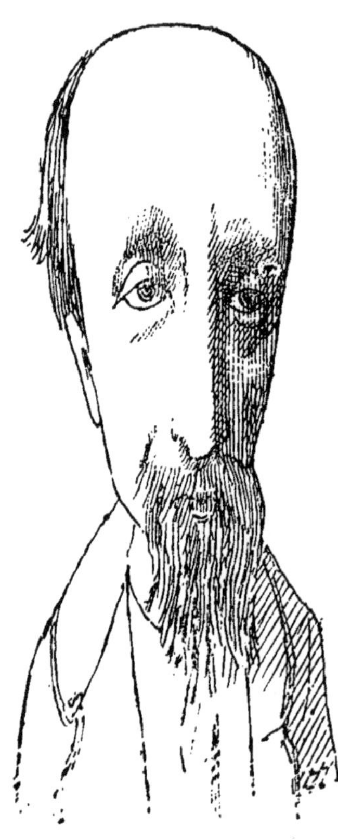

Fig. 27.

« Par ce seul exposé, on pressent déjà le curieux parti que la photographie est appelée à retirer d'une chambre, ou boîte, agencée comme il vient d'être dit : un assortiment de cinq ou six cloisons ou écrans percés de fentes, les unes rectilignes, les autres courbes ou ondulées, ou affectant la forme d'un crochet, d'une faucille, d'une accolade, etc., suffira déjà pour obtenir un nombre incalculable de transformations, soit sérieuses et scientifiques, soit plaisantes et caricaturales, d'un même sujet.

« Chose digne de remarque, si outrés que soient les bouleversements infligés au visage humain par le jeu des deux fentes de la boîte transformiste, la ressemblance se maintient avec opiniâtreté. »

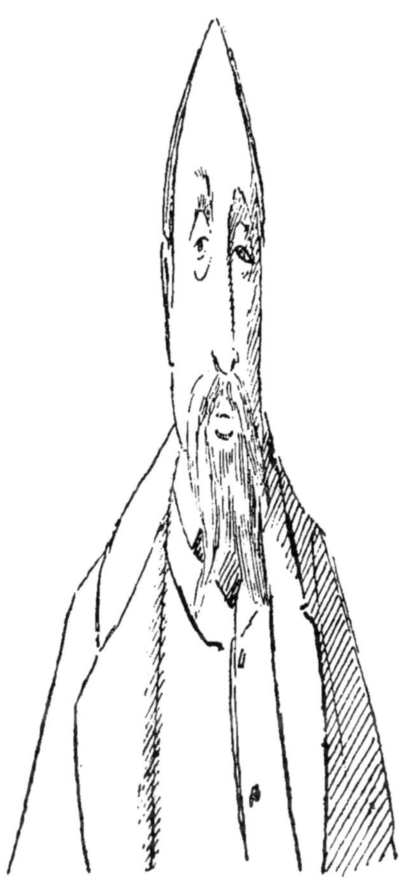

Fig. 28.

A la suite de cette théorie, M. Ducos du Hauron fait une remarque très juste.

C'est que si le procédé en question ridiculise et enlaidit le modèle, de même, si on l'en requiert, il peut le corriger et l'embellir.

S'agit-il d'une figure dont l'ovale est trop raccourci, un écart calculé des deux fentes rétablira l'harmonie des proportions. Et le transformisme redressera les fautes de la nature dans le sens du beau esthétique.

En ornementation et en typographie, cette méthode fera éclore des formes auxquelles personne n'a jamais songé, des lettres curieusement courbées ou tordues. Quels singuliers paysages avons-nous avec ce système : ce sont des visions d'un autre monde.

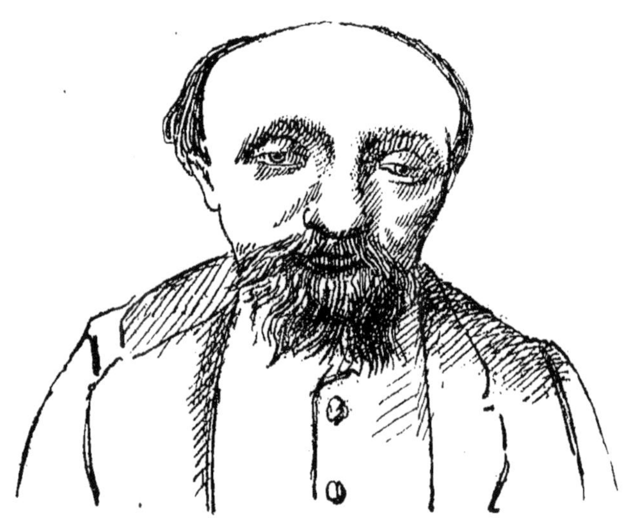

Fig. 29.

Dans l'exposé compliqué des systèmes d'appareils trensformateurs de M. Ducos du Hauron, nous extrayons le passage relatif au procédé le plus simple, qu'il nomme *Armoire à photo-caricatures :*

« Le mode le plus populaire de *Transformisme*

photographique se réalise au moyen d'une boîte, en forme d'armoire, cloisonnée et agencée de telle sorte qu'une pose unique du modèle suffit pour créer un groupe de six, de neuf ou de douze, etc., épreuves photo-caricatures de petit formas, toutes différentes les unes des autres. A cet effet, deux cloisons successives sont installées dans un cadre profond, se faisant vis-à-vis l'une à l'autre et faisant vis-à-vis à la surface sensible qui occupe le fond du cadre ; chacune de ces deux cloisons est percée non pas d'une seule fente, mais de six, de neuf ou de douze fentès, etc., se faisant face d'une cloison à l'autre et disposées par rangées symétriques. Deux fentes quelconques ainsi placées en regard l'une de l'autre doivent être combinées de manière à engendrer une déformation spéciale. Le modèle se traduira donc par

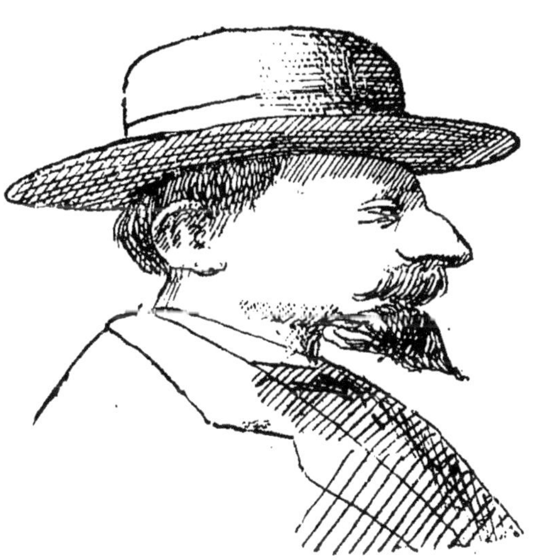

Fig. 30

autant de métamorphoses différentes qu'il y aura de couples de fentes. Dans la production de chacune desdites images, le peu de distance qui sépare les fentes de la surface sensible activera très notablement l'action lumineuse, d'où la conséquence que le temps de pose restera renfermé

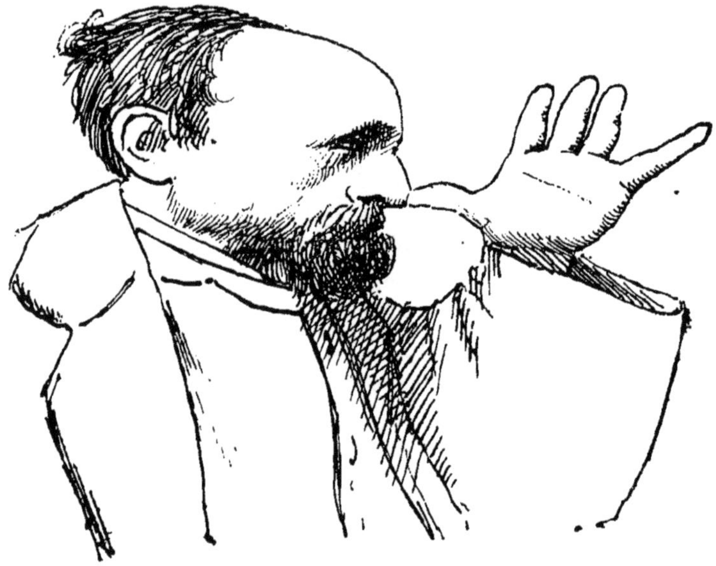

Fig. 31.

dans les limites absolument pratiques pour le *portrait d'aprés nature*. Non seulement toutes les épreuves d'un même tirage différeront les unes des autres, mais le tirage tout entier, étant donné l'emploi des deux mêmes cloisons ci-dessus décrites, pourra se transformer en plusieurs tirages tout à fait différents; il suffira, soit d'intervertir les deux côtés respectifs de l'une ou de l'autre des deux cloisons ou de toutes les deux, soit d'intervertir les situations respectives du haut et du bas de l'une d'elles ou de toutes les deux. Il va sans dire que, au lieu de faire poser le modèle devant ce multiple appareil, on peut, si l'on tient à l'*instantanéité absolue*, créer, par une chambre noire garnie du nombre voulu d'objectifs disposés en batterie, une plaque d'épreuves-types instantanées, distancées entre elles de la même manière que les couples de fentes dont il s'agit; qu'il n'y aura qu'à installer ensuite cette plaque et au-devant des deux cloisons successives de ladite *armoire à transformation* (1) ».

Laissons au lecteur le soin d'apprécier la découverte de M. Ducos du Hauron, dans les services qu'elle est appelée à rendre. Nous admirons la science dans toutes ses manifestations. Mais si nous devions considérer la question uniquement au point de vue du grotesque, ce serait se donner trop de mal. Heureusement que le *Transformisme* a des visées plus hautes.

Quant à obtenir des déformations comiques par la photographie, que de moyens simples se présentent à l'opérateur.

(1) Pour des renseignements plus détaillés sur cette méthode, s'adresser à M, le directeur de l'*Amateur Photographe*, à Paris, 21, boulevard Saint-Germain.

Prenons un cliché, terminé et séché, et plongeons-le dans de l'eau acidulée à 5 % par l'acide chlorhydrique. Au bout de quelques minutes nous pourrons commencer par décoller la pellicule, la roulant dans les doigts et en commençant par un angle. La pellicule ainsi détachée est mise dans une cuvette d'eau froide, au fond de la-

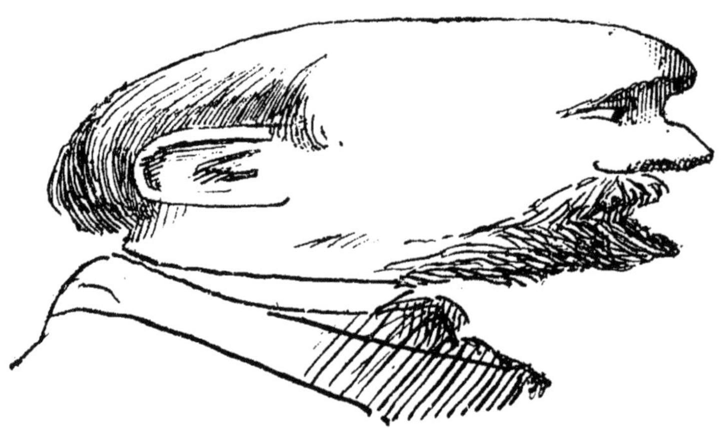

Fig. 32.

quelle nous avons eu la précaution de placer une glace propre. La gélatine s'élargit dans tous les sens; on choisit le moment favorable pour soulever la plaque de verre et coucher la pellicule dessus.

Nous profiterons de ce moment pour tendre cette pellicule dans le sens désiré. Nous égouttons l'eau de la plaque par une légère inclinaison, après quoi, il ne reste plus qu'à laisser sécher. Et voici notre sujet déformé.

Ce procédé peut être utilisé pour agrandir une épreuve, car la gélatine se détend régulièrement dans tous les sens, si nous la laissons agir d'elle-même.

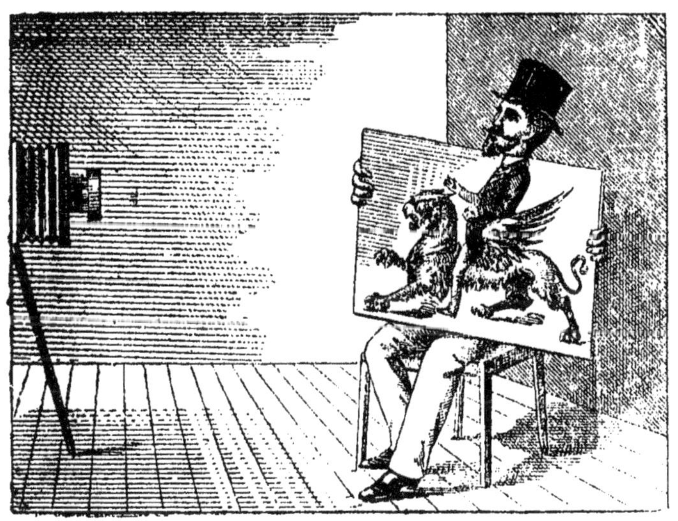

Fig. 55.

Un moyen bien plus simple pour déformer une épreuve négative, c'est de chauffer légèrement le cliché au moment où il sort du bain de lavage, une bouche de chaleur par exemple. La gélatine se ramollira et l'on n'aura qu'à l'incliner dans un sens ou dans un autre.

Permettez-nous, chers lecteurs, de vous donner cette dernière idée de caricature photographique.

Dessinez sur un écran une cigogne, une oie ou un cheval ailé, enfourchés par un cavalier minuscule, mais sans tête. Faites asseoir votre modèle et placez l'écran sur ses genoux, de façon à ce que sa tête vienne se raccorder au

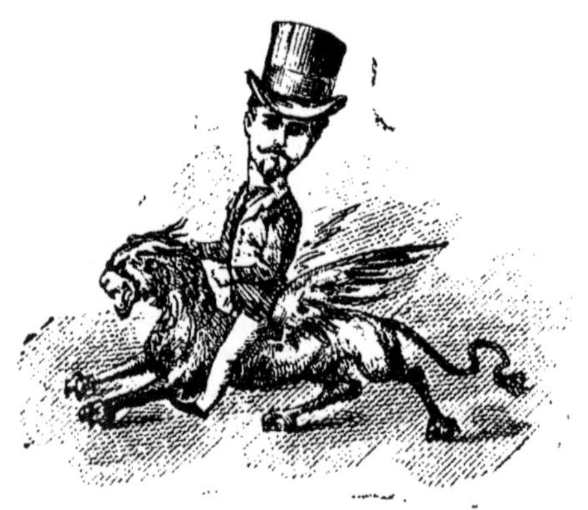

Fig. 34.

cavalier peint. L'écran se fondra avec le fond blanc placé derrière le modèle, et sur le cliché, à l'aide d'un cache, vous supprimerez les jambes du personnage vivant.

Le résultat obtenu est des plus étranges : un cavalier à grosse tête emporté dans les airs sur l'hippogriffe des visions apocalyptiques (fig. 34).

LE PHOTO-BUSTE

De tous les trucs et procédés décrits dans ce volume, de beaucoup le plus serieux, sous le rapport des formes fantaisistes à donner à une photographie, est le *Photo-buste.*

Nous l'obtiendrons de plusieurs manières.

Prenons une colonne d'atelier et détachons le panneau du fond pour que le corps du modèle puisse s'y loger. Nous aurons eu soin de pratiquer sur le plateau de la colonne une échancrure du diamètre de la taille. Alors, le modèle drapé à l'antique, très décolleté pour les femmes, produira l'effet d'un buste reposant sur un socle. L'illusion est très complète lorsque les cheveux ont été poudrés, et si, en coupant l'épreuve, nous enlevons une bonne part de la colonne, nous obtiendrons un effet qui déroutera les gens inexpérimentés dans la recherche du moyen employé. Ce genre qui entre dans le domaine de la statuaire, se fait de préférence sur fond noir.

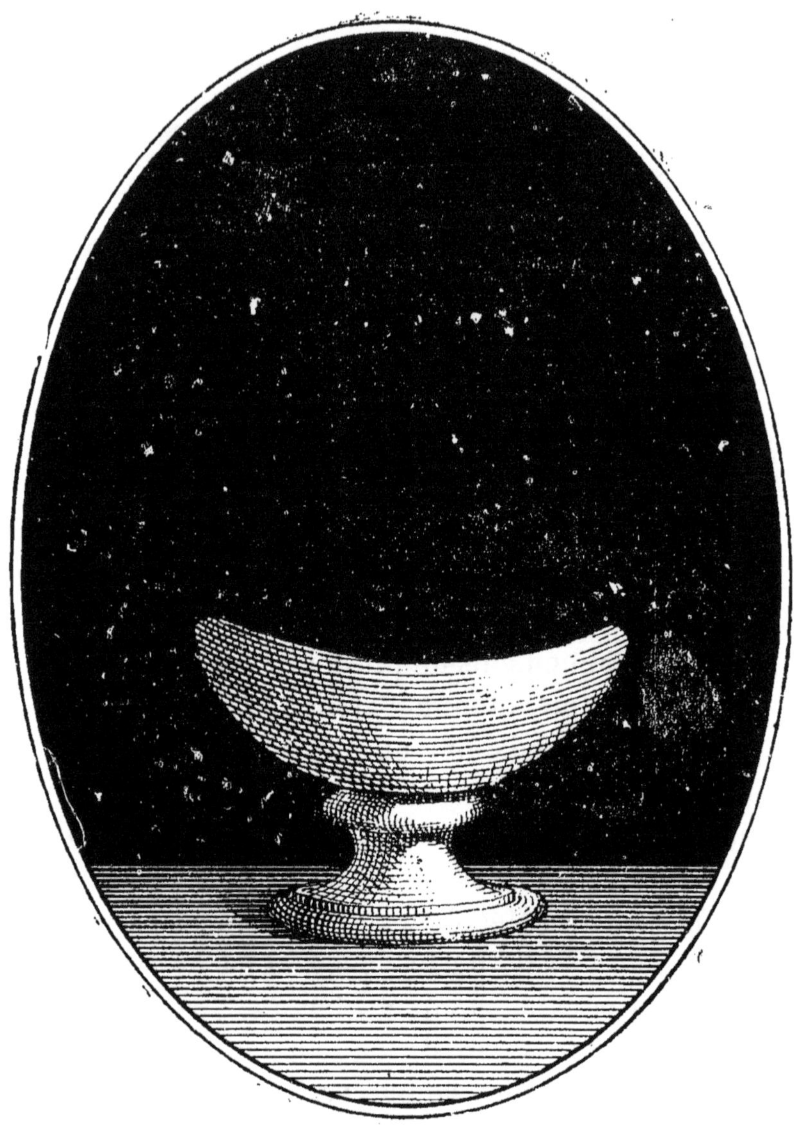

Fig. 35. — Socle du photo-buste.

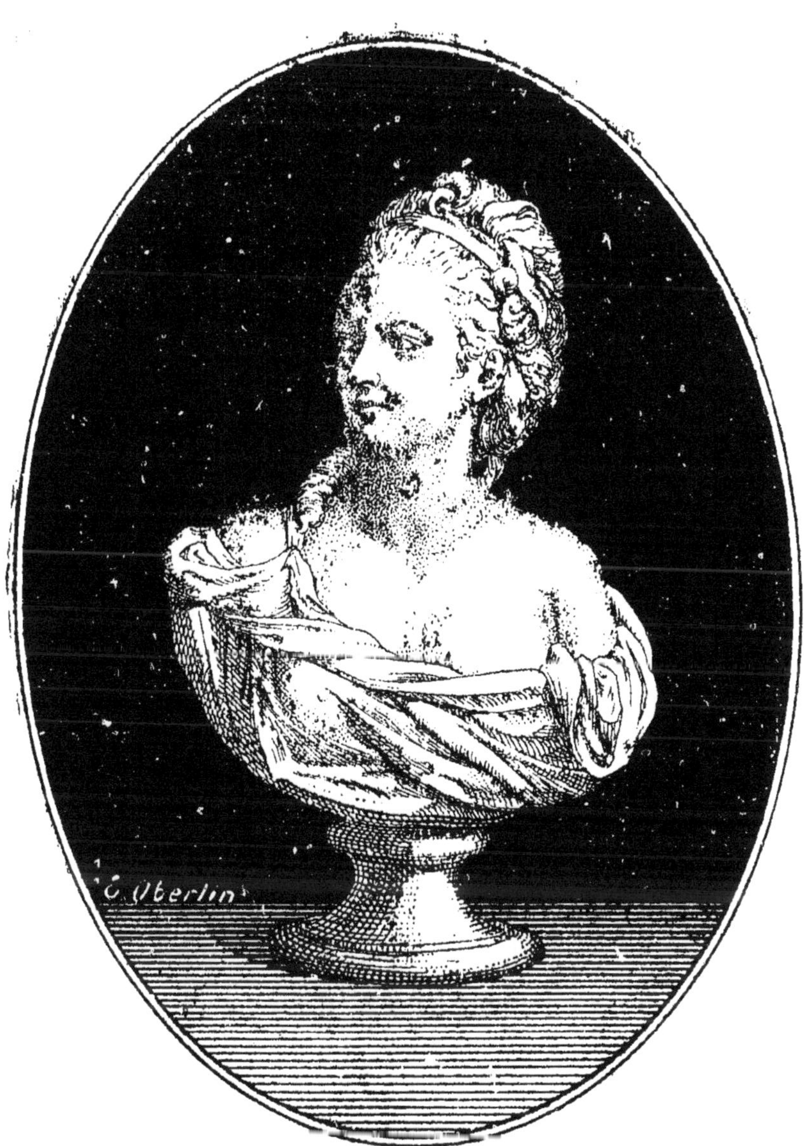

Fig. 56. — Épreuve d'ensemble du photo-buste.

Si nous préférons employer un autre procédé que la colonne, voici en quoi il consiste :

Le modèle est placé entre deux écrans noirs. L'un, plein, sert de fond; sur l'autre, en avant, est peint le socle du buste. Des prolongations latérales de ce second écran, en hauteur au-dessus du socle, ont pour but de cacher les bras.

Il arrive parfois que, par l'inégalité d'éclairage des deux écrans, la silhouette noire du premier se détache légèrement sur l'écran du fond. On fondra alors le passage de la ligne, sur le cliché, avec un grattage à l'aiguille, ou bien, on découpera le sujet sur une épreuve tirée exprès, qu'on laissera solariser, et qui servira de cache pour l'obtention vigoureuse du fond entier de l'épreuve.

Le troisième procédé n'est qu'une modification du précédent. Nous plaçons notre modèle devant un fond noir. Sur un carton arrivant à la hauteur de la taille, nous avons figuré le socle d'un vrai buste en marbre et la table sur laquelle repose ce socle du buste (fig. 35).

Il est important, pour le succès de cet artifice, qne le côté le plus ombré du socle et l'ombre portée de celui-ci sur la table soient de même sens que le côté ombré de la tête.

Nous avons voilé le bas du corps du modèle avec une jupe noire ou une tenture de cette couleur. Le carton découpé, imitant le socle, est alors placé devant le modèle et nous faisons retomber la draperie du corsage sur sa partie en forme de croissant. Il ne reste plus qu'à supprimer les bras. Nous y arriverons facilement en les couvrant d'une étoffe noire (fig. 36).

Dans toute circonstance, ne pas oublier de poudrer les cheveux et n'employer pour la draperie du buste qu'une étoffe blanche ou bleue.

En sortant de l'épreuve ordinaire sur papier albuminé, qui donne au photo-buste l'aspect d'une reproduction d'après un marbre, nous pouvons encore lui donner l'aspect d'une épreuve photochromique tirée d'après un bronze.

Dans ce cas, nous tirerons une épreuve au charbon et au lieu de la transporter sur papier ordinaire, nous la fixerons sur papier bronzé.

PHOTO-PEINTURE OU PHOTO-CHROMIE

Ne confondons pas la *photo-chromie* avec l'*héliochromie*. Celle-ci tient de l'avenir, bien que son secret soit à moitié révélé grace aux magnifiques expériences de M. Lippmann. La photochromie, elle, c'est la tentative constante, depuis l'origine de la science léguée par Niepce et Daguerre, d'obtenir, au moyen d'expédients divers, des épreuves en couleur.

On a commencé par colorier les daguerréotypes avec des poudres. Sur papier salé, la coloration fut plus facile : on exécutait gouaches, pastels et aquarelles comme sur papier ordinaire, en utilisant autant que possible le dessin fourni par la photographie. On eut recours ensuite à une coloration partielle et successive par les bains de virage. Plus tard, la couche transparente du papier albuminé inspira l'invention de la *photo-miniature*.

Nous ne voulons pas nous appesantir sur le

procédé de la photo-miniature, bien que nous en ayons fait des quantités avec le bâton de mastic. On ne doit pas écrire les choses à la légère, et si nous nous proposions de donner la description complète du procédé, nous le ferions consciencieusement avec tous ses détails : décollage de l'épreuve, transparence à lui donner sur une plaque chauffée, collage de l'épreuve (assez difficile pour commencer), décalque à prendre, colorage, isolement du coloris, soit par un verre intermédiaire, soit par des supports, etc.

Il y a là de quoi remplir une brochure. Aujourd'hui le procédé est changé ; ce n'est plus à chaud qu'on opère, mais à froid avec des baumes résineux. Ce que l'amateur, désireux d'essayer le système, aura de mieux à faire, c'est de se procurer un manuel spécial. Mais quel que soit le moyen choisi, à chaud ou à froid, la photo-miniature sera belle ou laide, suivant l'entente de la disposition des couleurs. L'intelligence et le goût doivent présider en toute question où l'art est en jeu.

Nous passons à la coloration superficielle des épreuves sur papier albuminé. On les peint à l'aquarelle, à la gouache ou à l'huile. — Pour la gouache ou l'aquarelle, il faut frotter l'épreuve préalablement avec de la poudre de pierre ponce ; l'enduire, si l'on préfère, de fiel ; la frotter avec de l'alcool, ou plus simplement avec la langue : la couleur ne glissera plus. L'emploi des couleurs d'aniline est de beaucoup le plus facile, mais nous recommandons d'en être très sobre.

Une aquarelle sur papier albuminé est susceptible d'être émaillée, si nous la couvrons d'une couche de collodion normal avant l'émaillage.

En ce qui concerne la peinture à l'huile, l'épreuve sera collée sur panneau ou sur toile, et enduite, d'une couche diluée de colle de Flandre. On procèdera par glacis, avec des empâtements sur les fonds et sur les draperies.

Mais tout ceci ne dispense pas de certaines capacités comme peintre. Aussi, les amateurs inhabiles en matière de peinture, sont-ils obligés de se rejeter dans les procédés de coloration sous albumine, où il suffit de teintes plates.

Pénétré de cette pensée, et voulant rendre la coloration des photographies accessible à tous, nous avions imaginé un procédé spécial assez simple, donnant de très beaux résultats (1).

Voici, dans ses principaux points, la théorie de notre procédé de photochromie.

Tirer une épreuve faible sur papier salé ; enluminer cette épreuve avec des teintes plates.

---

(1) *La Photochromie*, tirage des photographies en couleurs, in-18 jésus, publiée par la maison Gauthier-Villars, 55, quai des Grands-Augustins, Paris.

Albuminer l'épreuve coloriée, la sensibiliser et l'exposer au jour en repérant sous le cliché pour compléter le tirage.

C'est en excitant la plus grande curiosité de vos amis, que vous suivrez la marche de ce second tirage dans le châssis : impossible pour eux de démentir que vous ne tirez pas vos épreuves en couleurs.

Et lorsqu'ils les verront virer, dans le bain, toutes coloriées, leur étonnement sera plus grand encore. En réalité, dans cet état, nos photochromies sont d'un effet surprenant.

Malheureusement, quand elles ont séché, elles manquent d'éclat, mais alors vous les satinerez à chaud, ou mieux encore vous les ferez émailler.

Nous disions que ce procédé était appelé à un avenir sérieux, en le combinant avec la chromolithographie. En effet, quoi de plus simple que d'imprimer des images, la reproduction d'un tableau, par exemple, de les imprimer en teintes plates, sans souci des ombres ; d'albuminer ces chromos et de les soumettre sous le cliché photographique pour donner tout le modelé du type que nous voulons reproduire.

Et nous ne croyons pas avoir prêché dans le désert ; on imprime des épreuves dites *photo-couleurs*, où une chromolithographie à teintes plates a été complétée par la phototypie. Si ce n'est pas ainsi qu'on procède, à coup sûr on pourrait le faire.

Notre méthode eut un certain retentissement, mais sa pratique s'est bornée à quelques simples expériences chez MM. les amateurs. On se rebutait devant les manipulations assez longues.

Nous allons donc indiquer une manière plus simple, donnant des résultats pour ainsi dire identiques à ceux obtenus par notre procédé.

Tirez une épreuve sur papier Solio, ou sur un papier aristotypique quelconque. Talquez une glace bien nettoyée et appliquez l'épreuve dessus, comme lorsque vous faites un charbon; c'est-à-dire que vous passez une raclette en caoutchouc sur le revers de l'épreuve pour chasser les bulles d'air et renvoyer l'eau. Le papier étant encore humide, vous peignez par transparence avec des teintes plates (sur l'envers du papier, bien entendu), en employant des couleurs d'aniline. L'aniline traverse le corps du papier et vient enluminer les détails de la photographie. Une fois sèche, l'image est retirée du verre, et, grâce au contact intime qu'elle a eu avec ce verre, elle brillera de l'éclat du plus pur émail. Vous la coupez de calibre et en mettant de la colle sur les bords extrêmes, vous la fixez sur bristol.

LA PHOTOGRAPHIE SANS OBJECTIF

Nous pourrions prendre, comme épigraphe à ce chapitre, les vers de la chanson qui dit :

> Et l'on revient toujours
> A ses premières amours.

Voici comment :

La chambre noire, inventée, suivant les uns, par della Porta, ingénieur napolitain (vers 1560), ou par Léonard de Vinci (quelques années plus tard) suivant les autres, consistait en une simple boîte percée d'une ouverture minuscule, livrant passage aux faisceaux lumineux et donnant, au côté opposé, sur un châssis demi transparent, une image réduite et renversée des objets. Cet appareil devint un auxiliaire précieux pour guider le dessinateur dans l'observation des règles de la perspective : avec un simple trait au crayon, en suivant les contours de l'image réfléchie, l'homme le plus inexpérimenté en matière de dessin, mettait en place le paysage le plus compliqué.

Que l'invention primitive soit attribuée à l'un ou à l'autre de ces hommes célèbres, il est certain que les perfectionnements apportés à la chambre noire sont dus à Léonard de Vinci. Il substitua à la simple petite ouverture une lentille qui vint éclairer le foyer de la chambre et faciliter par ce fait l'opération du décalque. Dans les siècles suivants, la chambre noire des dessinateurs reçut d'autres améliorations : la lentille, placée en haut de l'appareil, vint reporter l'image de la nature sur une table horizontale, par le moyen d'une glace disposée à 45°. La lentille fut ensuite remplacée par un prisme.

Mais si la lentille ou le prisme eurent un grand avantage sous le rapport de la clarté de la chambre, à l'endroit où l'image se porte, ils eurent aussi un désavantage, c'est de contraindre le dessinateur à l'observance du foyer lumineux, en limitant la dimension du dessin, à moins de changer le point de distance et de remettre au foyer l'écran blanc.

Dans le système primitif, avec une simple ouverture circulaire, le champ obtenu était non-seulement rectilinéaire, mais la même ouverture pouvait servir avec différents tirages et fonctionner, par conséquent, comme une trousse disposant de tous les foyers possibles entre des limites plus ou moins étendues. Ces avantages frappèrent M. Méheux, lequel fit ses premiers essais de photographie sans objectifs en 1881. L'ouverture qui lui sembla convenir le mieux fut un trou de 0 m.m. 3 de diamètre, à bords tranchants et coniques, percé dans une plaque métallique. Une série d'ouvertures de diamètres différents, percées dans la même plaque, permet d'ailleurs de faire choix de celle qui donne le maximum de netteté. On reportera alors le trou choisi au milieu de l'appareil, en bouchant les autres, bien entendu, et l'on procèdera à la pose du sujet. Néanmoins, la lumière est presque toujours trop faible pour qu'on puisse aisément voir l'image sur la glace dépolie : alors, comme il importe de faire cadrer la vue sur la glace, on emploie pour cela une ouverture de 2 ou 3 millimètres de diamètre, que l'on remplace, au moment de la pose, par l'ouverture plus fine donnant plus de netteté.

Il n'y a pas de mise au point, et la vue sera réduite ou agrandie suivant le tirage donné à la chambre noire.

Voyez comme c'est simple. Une boite en carton, un petit trou et la plaque sensible retenue avec des punaises ou des épingles au panneau intérieur du fond : voilà notre appareil complet.

Si vous voulez que votre chambre improvisée soit facile à transporter, en vue d'une excursion, vous remplacerez les côtés de la boîte par un fourreau d'étoffe noire, qui vous permettra de plier l'appareil. Pour le maintenir développé, des tiges en fil de fer, recourbées aux extrémités, seront suffisantes. Si vous voulez bien ajouter un carton fort au poids de votre bagage, il servira de tablette reliant les deux côtés de la chambre. Allant d'exigence en exigence dans la voie du perfectionnement, vous fixerez dans une ouverture pratiquée aussi largement que possible, au côté du fond de la chambre, un verre dépoli. Ce verre n'aura pas lieu d'être enlevé, puisque le flou n'est pas à craindre, et, après mise en place du sujet à prendre, vous glisserez, par une fente, un étui qui enveloppera votre plaque, et qui sera muni d'un carton coulissant pour découvrir cette plaque au moment de la pose. Cet étui rasera le verre dépoli, et vous en munirez toutes les plaques que vous avez voulu emporter.

Tout le système sera contenu dans une pochette légère. Comme pied, vous trouverez une borne, une pierre, une proéminence quelconque; et si, par hasard, dans votre excursion, le vent se mêlait de la partie, vous éviterez les oscillations qu'il donnerait à l'appareil en maintenant l'appareil et en le chargeant comme vous pourrez avec des pierres.

La pose, par exemple, est relativement lon-

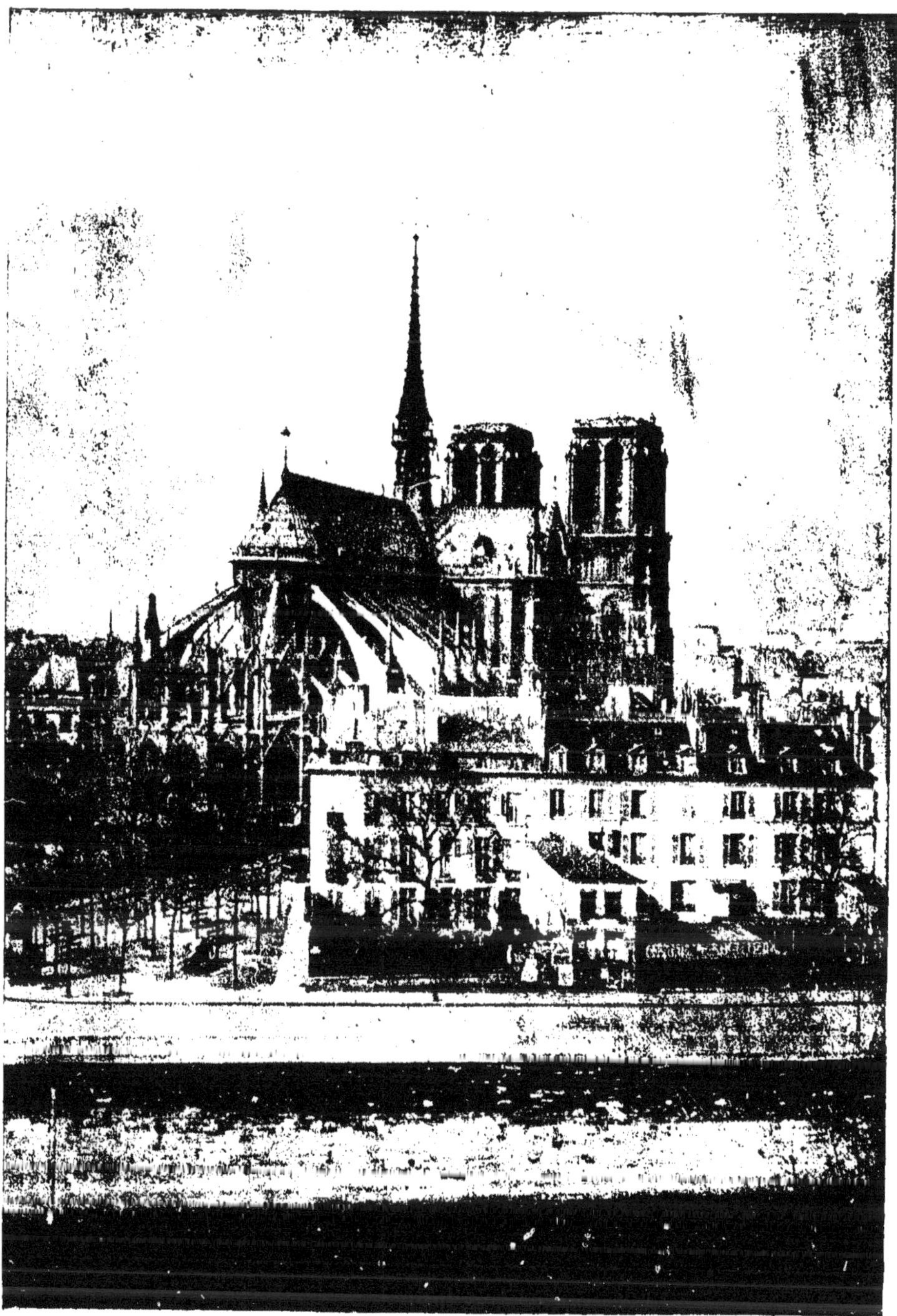

Fig. 37. — Épreuve photographique obtenue SANS OBJECTIF.

gue : elle se compte souvent par minutes. Aussi, est-il impossible d'approprier la plaque au collodion humide à la chambre noire sans objectif, et encore moins les plaques au collodion sec, beaucoup plus lentes que celles-ci. Ce n'est qu'à l'extrême sensibilité du gélatino-bromure d'argent que nous devons la possibilité de remplacer l'objectif par le sténopé, ou autrement dit, par la simple ouverture de la chambre primitive.

En conséquence, on ne doit pas songer à photographier, par ce moyen, la nature animée, mais il faut se borner aux paysages et aux monuments (fig. 37).

DEUXIÈME PARTIE

VARIA

ENFANT DANS UN NID, OU ENFANT SORTANT D'UN CHOU

Les enfants naissent dans un chou : c'est la réplique invariable des mamans aux bébés curieux.

Avec la ressource de nos décors, elles peuvent donner une preuve à l'appui. Un carton peint et découpé, figurant des nuages (fig. 38), une coquille de noix, un chou ou un nid, si l'on préfère le nid, est placé devant le plus jeune de leurs chérubins : l'appareil se charge du reste.

PHOTO-PYRAMIDALE

Encore une ingénieuse disposition pour réussir une photographie originale, elle est simple et pourtant donne au groupe que l'on veut obtenir un aspect bizarre et surprenant. Voyons plutôt la description parue dans l'*Amateur Photographe* faite par M. Robard, qui a employé ce moyen :

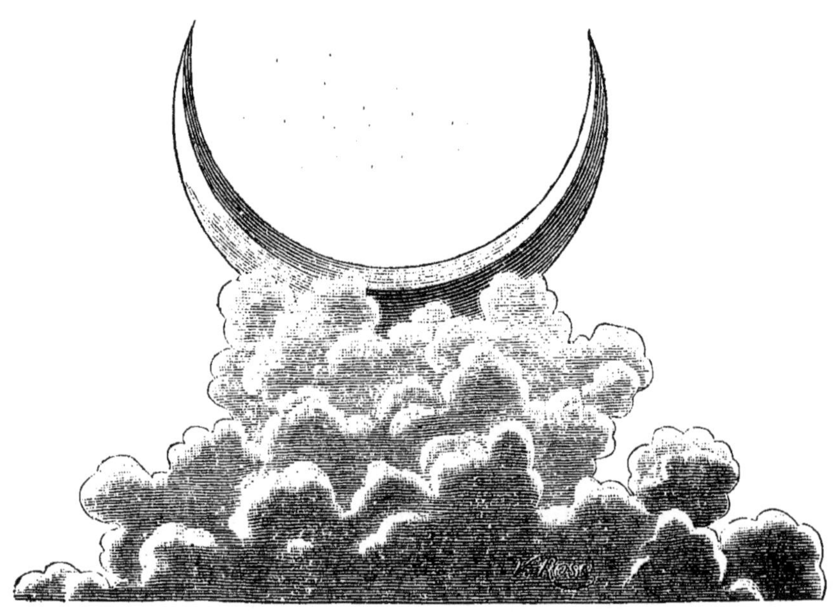

Fig. 58.

« Je rencontrai dans une promenade un sen-
« tier tapissé de verdure, comme tout bon sentier
« doit l'être, mais dont la forme toute particu-
« lière fit immédiatement naître en mon cerveau
« l'idée de la fantaisie pyramidale. De chaque
« côté du chemin s'élèvent des talus herbeux.
« A droite, si vous vous retournez ce sera à

« gauche, d'un côté enfin, si vous le préférez, le « talus est très haut, 8 mètres environ, presque « à pic; de l'autre côté, il est aussi escarpé, « mais plus bas et terminé par un terre-plein. « C'est là que j'ai conduit mon aimable compa- « gnie en expliquant mon projet. A l'aide d'une « grande échelle, je fais monter en haut du talus « un premier personnage du groupe, un jeune « homme que je metstout en haut, à la bonne « place, entre deux charmantes jeunes filles. « Une fois là, je lui plante sous chaque pied, « une forte cheville de bois fixée solidement « dans la terre, je retire l'échelle qui, dépla- « cée légèrement, sert à placer de même de « chaque côté, les deux jeunes filles du haut. « Puis, ainsi successivement, en travaillant « comme un nègre, pendant une bonne heure, « j'arrive à grouper mon monde. Cela fait, j'al- « lais m'installer à mon tour sur le terre-plein, « au sommet de l'escarpement d'en face, incli- « nant un peu mon appareil en avant, de façon « à rectifier l'angle visuel et de manière à ce « que l'axe de mon objectif fut bien normal au « plan du talus où tout le groupe s'appuyait. « Crac! une seconde de pose et tout est dit. « Vous pouvez vous retirer... avec l'échelle.

« Voici donc le groupe fait; pas de découpage, « d'assemblage après coup, groupe d'après na- « ture. Une seule chose était gênante, le fond

« d'herbe irrégulier et sombre nuisant à l'origi-
« nalité de l'effet et au modelé des figures. Avant
« d'aller plus loin, je dois vous dire que, si quel-
« ques yeux sont clignés, voire fermés, c'est la
« faute au soleil qui sachant bien que nous ne
« pouvions changer notre orientation, a eu la
« malice de nous regarder en face tout le temps...
« pour faire rire mes sujets. Le fond donc me
« gênait. J'ai essayé pour le cacher, d'abord
« l'encre de Chine; elle s'applique bien, forme
« écran à la lumière mais, sitôt sèche, se sou-
« venant qu'elle est du pays des porcelaines
« craquelées, elle fait de même et se brise en
« fragments, disjoints qui laissent passer entre
« eux la lumière. Il a fallu donc, finalement,
« réparer au vermillon et couvrir tout le fond
« d'une couche épaisse du susdit, c'est la seule
« retouche faite au verre ».

CARTE DE VISITE PHOTOGRAPHIQUE

Dans le matériel des ateliers du journal l'*Amateur Photographe*, nous avons vu un fond photographique qui nous a fait connaître une ingénieuse idée consistant à obtenir sa photographie sur sa carte de visite. — Si la photographie est jolie et soignée, rien de plus original et ceci n'est pas ordinaire, pourtant il est facile de l'obtenir. — Vous prenez un fond sur lequel vous avez fait peindre ou peignez vous-même une carte de visite en blanc se détachant sur fond noir ayant 1 m. 20 de largeur sur 0 m. 75 de hauteur ; cette carte est simulée cornée du côté gauche, tandis que dans l'angle droit se trouve un trou T de

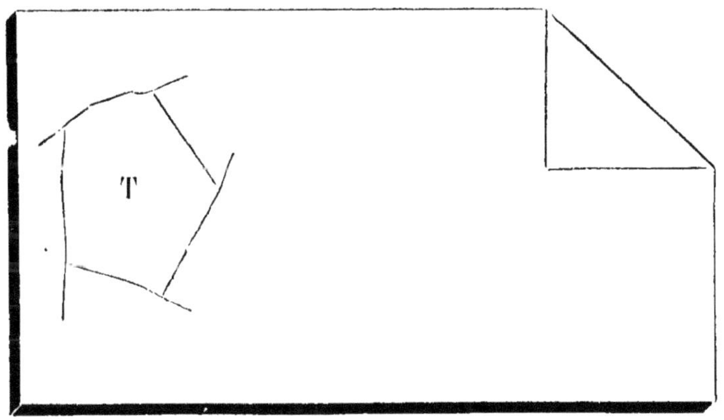

Fig. 39. — Carte de visite photographique.

0 m. 31 de diamètre environ autour duquel des déchirures semblent s'être produites — dans ce trou vous faites passer la tête de la personne qui veut être sur la carte de visite et vous opérez. — Avoir soin, bien entendu, de réduire à la chambre noire la carte de la grandeur que vous la voudrez sur votre cliché — et sur ce cliché il vous viendra une carte de visite sur laquelle vo-

tre portrait sera; vous n'aurez plus alors qu'à faire le tirage sur le papier que vous désirerez.

On peut faire figurer le nom de deux façons différentes.

Soit, en ayant eu soin avant de photographier, d'épingler sur la carte de grandes lettres en rapport pour former le nom désiré, et ainsi nom, photographie et carte viennent ensemble. Que ces lettres soient d'une couleur sombre pour ressortir sur le fond clair, orange foncé, par exemple, vient très bien.

L'autre moyen consiste simplement à faire le tirage habituel, à monter ses épreuves sur bristol, et à les faire imprimer, comme une carte ordinaire.

Cette application peut être charmante dans bien des cas, entre autres pour un avis de naissance, où l'on ferait apparaître par la déchirure la tête du bébé, etc., etc.

REPRODUCTION DES FEUILLES ET DES DENTELLES

C'est une opération des plus simples que celle qui consiste à prendre l'empreinte des nervures de feuilles ou celles des dentelles. Nul besoin d'appareil : un châssis-presse, du papier au ferroprussiate, de l'eau ordinaire, et c'est tout.

Nous conseillons aux personnes qui voudront s'adonner à cette occupation, d'aplatir la feuille dans un châssis, entre deux buvards, avant de l'imprimer. Le buvard sèche mieux la feuille si nous l'exposons au soleil : il n'y aura plus de crainte que les sucs végétaux altèrent le papier sensible. L'impression est lente à cause de la couleur antiphotogénique de la feuille et aussi à cause de la durée de pose un peu plus longue que demande le papier au *ferro-prussiate*. Tirez jusqu'à ce que les ombres les plus fortes sur le papier accusent une teinte violette. Après impression, barbottez l'épreuve dans de l'eau ordinaire et l'opération est terminée. En hiver, pour activer le dépouillement de l'épreuve, il est préférable d'employer de l'eau légèrement tiédie.

On rencontre souvent, dans les jardins ou dans les bois, des squelettes de feuilles provenant de la décomposition lente de l'épiderme. Ces squelettes forment une délicate dentelle qui donne de fort belles empreintes. Ici, nous aurons des filaments blancs sur un fond franchement noir ou bleu suivant le papier approprié à cette opération, tandis que là-bas ce sera une silhouette grise avec quelques nervures blanches.

En ce qui concerne la reproduction des dentelles, il est bon de veiller à ce que le châssis ne perde pas un moment sa position par rapport à la perpendicularité des rayons du soleil. On arrive facilement à ce résultat en piquant une épingle sur un côté du châssis et en maintenant l'ombre de cette épingle toujours au même endroit. Le mieux est que l'ombre de la tête de l'épingle couvre sa base. Cette précaution se conçoit, étant donnée l'inégalité des fils de la dentelle : quelques-uns, n'adhérant pas au papier, donneraient une empreinte plus grosse que leur volume, à cause du déplacement graduel de leur ombre portée.

Les photographies au *ferro-prussiate* sont inaltérables, mais l'usage de ce papier est plus fréquent pour le décalque des dessins gravés, que pour les figures, à cause du manque de détail et de transparence dans les ombres. On aura beau chercher et inventer, rien n'égalera les papiers brillants, à l'albumine ou à la gélatine, bien que ce brillant (principale qualité dans l'obtention des détails des ombres) choque le goût artistique.

Que l'on nous pardonne cette légère discussion, mais il est bien difficile de traiter un sujet en photographie sans toucher à un autre.

Si nous entrons dans des détails qui sembleront superflus à l'amateur expérimenté, nous ne devons pas oublier que la récréation proposée s'adresse aux novices. Les gens munis d'un appareil reproduiront feuilles, fleurs ou dentelles d'après les procédés de la photographie proprement dite.

LANTERNES A PROJECTION

L'aspect d'une lanterne magique étalée dans un bazar, évoque gracieusement nos souvenirs d'antan; mais qui de nous, à cette époque, aurait prévu les importants services qu'elle devait rendre aux arts et à la science par la photographie ?

Voici un amateur ou un savant, revenant d'excursions lointaines et muni d'un nombre respectable de petites vues, prises sur nature avec les chambres détectives. C'est le seul bagage photographique qu'il avait emporté : on regarde au poids du bagage quand on explore. Il savait bien que ses tout petits clichés constituaient un document suffisant, car, de retour à la maison, il a glissé les positifs de ces clichés dans la lanterne magique, et l'image agrandie, visible à tout un auditoire, vient agrémenter la narration de ses voyages.

Nous devons dire de suite que la lanterne à projections diffère de la lanterne magique par sa puissance d'agrandissement et de clarté. Ce n'est plus une simple lentille qui projette l'image sur l'écran, mais un objectif; il ne suffit pas, non plus d'une bougie, mais le dessin transparent tes éclairé par de fortes lampes ou par l'électricité, agissant sur lui à travers un condensateur. Le condensateur est un système de grandes lentilles rapprochées du petit type diaphane, qui l'éclairent de toute la force des rayons lumineux concentrés.

La figure 40 nous donne les principales dispositions des lanternes à projection. Nous distinguons clairement l'objectif E avec sa vis de rappel F, la coulisse pour le châssis munie du châssis positif C D, le condensateur B, la lampe et le réflecteur. En haut, se trouve la cheminée : le tout s'emballe dans la boîte qui lui sert de support.

Dans sa disposition, la lanterne peut donner un développement de plus de 2 mètres carrés sur l'écran blanc. Viennent ensuite les polyoramas perfectionnés dont le prix s'elève à 500 francs et au-dessus. Une lanterne à projection avec appareil pour lumière oxyhydrique, pied et écran, donnant au-dessus de 4 mètres carrés, coûte près de 1,000 francs. Il y a ensuite la lanterne à *fantasmagorie*, dont nous nous occuperons tout à l'heure.

Le simple amateur devra se contenter d'un des deux modèles ci-dessus mentionnés, à moins de projet d'exploiter financièrement le système. Et encore, pour les conférenciers, la plupart des

Sociétés de Géographie, ou autres, possèdent un appareil sérieux.

Un mot au sujet des positifs pour lanterne à

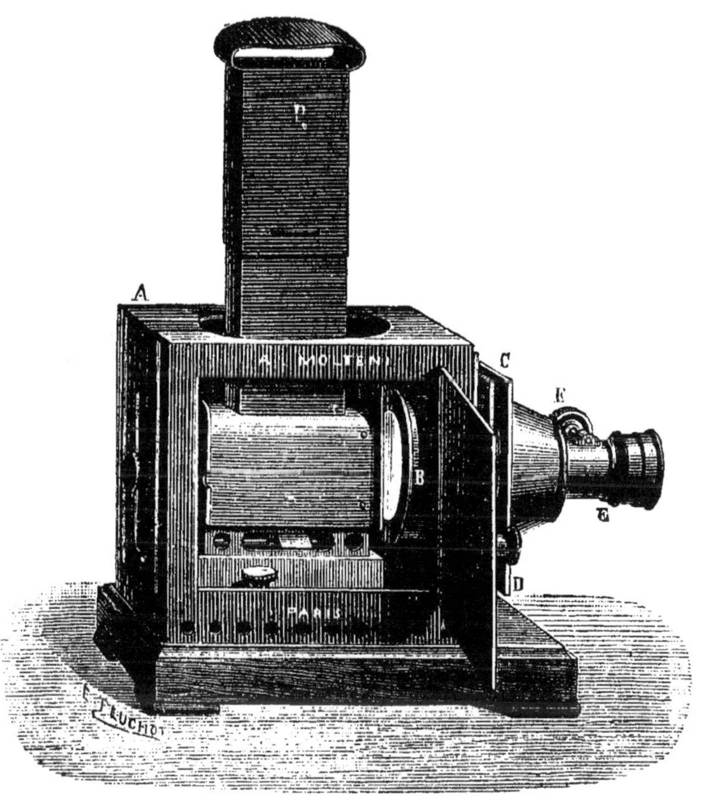

Fig. 40. — Lanterne à projection.

projection : ces positifs peuvent être obtenus au collodion, au gélatino-bromure, au gélatino-chlorure ou au charbon. Une condition essentielle pour la bonté de ces clichés, c'est qu'ils soient très purs, très doux et très justes de pose. L'insuffisance de pose accuserait des noirs sans détails, comme l'excès de pose donnerait des taches blanches à la place des objets éclairés, avec un voile général sur l'image projetée. La méthode la plus simple pour obtenir ces positifs, est de mettre en contact le négatif avec une plaque au gélatino-bromure ou au gélatino-chlorure et de l'exposer devant la lumière d'une lampe, soit le soir, soit dans le cabinet noir, avec 20 secondes de pose environ.

Les lanternes à projection sont en même temps de très bons appareils d'agrandissement. L'image négative, projetée par un cliché négatif sur une feuille de papier au gélatino-bromure d'argent, deviendra positive après le développement : le tout obtenu dans quelques minutes. En plaçant un petit positif transparent dans la rainure de l'appareil, nous pourrons faire un cliché agrandi qui aura cet avantage sur l'épreuve directe, que, en tant que cliché, il servira pour un nombre incalculable d'exemplaires ; en plus de cela, nous aurons deux ressources pour perfectionner notre agrandissement : par la retouche du cliché même, ensuite par celle de l'épreuve sur papier. Mais le plus souvent, en usant des lanternes à projection comme appareil pour agrandir, on se contente de le faire directement sur papier.

Un bon moyen pour mettre au point la substance sensible elle-même, au lieu d'avoir recours à une mise au point préalable sur écran blanc, c'est de couvrir l'objectif avec un obturateur en verre rouge.

Les ressources de la lanterne à projection ne se bornent pas à celles que nous venons de décrire. Il y a encore le côté comique, comme, par exemple, l'effet produit par un positif humide, dont la gélatine se déforme lentement sous la chaleur de la lampe; la figure qu'il représentait devient méconnaissable.

Avec l'image d'un spectre projetée dans l'obscurité sur de la vapeur, nous arrivons à des résultats saisissants. Le fantôme s'anime des oscillations de la vapeur restée invisible ; il monte avec elle si nous suivons avec l'appareil son mouvement ascendant. Ce procédé a été souvent mis à profit dans des séances de magie.

Quoi de plus singulier encore que les effets de *fantasmagorie*. Nous voyons le tableau de l'écran se dissiper lentement, pendant qu'un autre tableau, paysage ou figure, vient accentuer graduellement ses détails et finalement le remplacer, transformant successivement une même vue, que l'on fait passer du jour à la nuit, de l'été à l'hiver. On peut aussi lui donner de l'animation sur l'écran en la complétant par des effets complémentaires d'aurore boréale, de neige, d'incendie, etc., etc.

Ces tableaux se nomment « fondants » et sont obtenus par un appareil binoculaire.

La lanterne à projection ainsi conçue, ressemble un peu à la chambre pour photographie stéréoscopique. Alors le phénomène s'explique : pendant qu'on diminue, par un système de diaphragmes ou autre procédé, la lumière du premier tableau donné par un objectif, on découvre le second objectif qui projette graduellement jusqu'à sa plus grande intensité de lumière, un tableau successif.

C'est très simple... Mais quand on ne le sait pas ? Et que nous importe d'ailleurs : l'illusion sera-t-elle moins agréable à notre regard ?

PHOTOGRAPHIE MAGIQUE

Prenons une épreuve aux sels d'argent, sur papier albuminé ou salé, fixons-la dans l'hyposulfite sans l'avoir virée au chlorure d'or. Lavons ensuite consciencieusement cette épreuve pour débarrasser les fibres du papier de toute trace de la substance fixative, sans quoi elle jaunirait dans l'opération postérieure.

Plongeons alors l'épreuve dans un bain de

bichlorure de mercure à 5 %, et nous verrons, au bout d'un certain temps, l'image blanchir et finalement disparaître. Arrivée à ce degré, l'épreuve est enlevée du bain et lavée soigneusement. Une fois sèche, on peut la conserver longtemps sans qu'aucune trace du dessin ne reparaisse. Car le dessin n'a pas été détruit. Il suffit d'une exposition au soleil pour le faire revenir un peu. Mais on réussit mieux, et tout de suite, en trempant le papier dans une solution d'hyposulfite de soude ou d'ammoniaque très étendu.

Ce procédé peu connu, m'a donné l'explication des dessins invisibles apparaissant sur le petit cylindre en carton d'une cigarette, au fur et à mesure de la combustion. Certains camarades du collège où je faisais mes études, des frondeurs ceux-là, intriguaient la classe par ce jeu mystérieux. Ceci se passait vers 1864.

Nous nous sommes rendu compte depuis des substances employées à la fabrication de ces dessins, et des causes de leur révélation. Ils étaient obtenus par le moyen que je viens d'indiquer. Les parcelles d'ammoniaque contenues dans la fumée de tabac faisaient revivre le sujet, qui représentait le plus souvent un portrait d'hamme célèbre ou une actrice en vogue; quelquefois aussi des caricatures.

Les photographies mystérieuses peuvent donnér lieu à une distraction fort agréable dans un cercle de personnes amies. Vous présentez à chaque personne un papier blanc et la priez de regarder attentivement pour que son portrait se grave dessus. Vous retirez les papiers et les développez en badigeonnant avec un pinceau trempé dans une solution d'ammoniaque. Vous remettez alors aux dames un papillon, un oiseau, une fleur, ou tout autre sujet choisi dans la série des êtres symboliques susceptibles d'être appropriés aux femmes. Quand aux hommes, vous ne les ménagez pas : c'est à qui vous offrirez une tête d'âne, de tigre, de perroquet, etc., selon le caractère de l'individu ou la vengeance que vous voulez tirer sur lui.

CRYPTOGRAPHIE A L'AIDE D'UN CLICHÉ

Dans la photographie mystérieuse indiquée au précédent article, chacun a trouvé le moyen de correspondre secrètement.

Mais le plus sûr moyen, toujours dans le domaine de la photographie, consiste en une plaque au gélatino-bromure impressionnée par le contact de la missive à transmettre. Le destinataire, votre seul confident ou complice, développe la plaque pour en lire le mystère. Si, par hasard, elle tombe dans d'autres mains, le secret, à vrai dire, est perdu par l'exposition inconsciente de la plaque au jour, mais au moins il ne peut être dévoilé.

LES VIGNETTES PELLICULAIRES ET LE PAPIER « VIRATOR »

La mode étend son empire un peu partout, son influence se montre aussi bien dans le costume que dans les inventions. Combien voyons-nous de modifications dans les meubles et les ustensiles, où le changement n'est dû qu'au besoin du nouveau : alors, l'ancien objet, plus commode, est démodé, il est ridicule. Ce serait à croire vraiment, que le beau esthétique, aux règles absolues, n'existe pas, mais qu'il est de convention.

Les caprices de la mode nous entraîneraient trop loin ; censtatons seulement que nous sommes ses esclaves et que nous ne pouvons nous en affranchir impunément.

Il fut un temps où les cartons destinés au collage de la photographie étaient agrémentés d'ornements divers, encadrant l'épreuve découpée en ovale. Ce n'était pas laid. On y a préféré, plus tard, le carton uni recouvert en son entier : c'est plus simple et peut-être plus sèrieux.

Depuis quelques années, néanmoins, on revient à l'ornementation ; cette fois ce n'est plus comme encadrement lithographique imprimé sur le carton, mais sur l'épreuve même, par un tirage spécial. On vend à cet usage, dans le commerce des vignettes pelliculaires, appropriées à toutes les circonstances. Un buste dégradé de femme ou d'enfant sera très coquet avec une touffe de fleurs sur le coin dn l'épreuve. Les soldats se font encadrer dans des trophées. Nous avons ainsi des vignettes de fantaisie de toutes espèces, civiles, militaires, religieuses et même mortuaires, si nous voulons honorer la mémoire d'un parent ou d'un homme célèbre disparu.

L'idée peut ne pas plaire à tout le monde, mais cela dépend beaucoup du choix de la vignette : à notre avis, les plus sobres sont les plus gracieuses. Et puis, ce n'est qu'une fantaisie. Un peintre, par exemple, surprendra très agréablement ses amis, en leur offrant son portrait imprimé sur un fond figurant une toile placée sur un chevalet, etc.

Nous commençons d'abord par le tirage de la vignette ; nous imprimons ensuite le portrait sur la surface blanche de cette épreuve. Et pour que l'endroit réservé au tirage de la figure soit plus net, certaines de ces pellicules sont munies d'un contre-dégradateur en gélatine rouge (1).

Dans le choix des vignettes pelliculaires, nous trouvons encore des sujets destinés à imprimer des *menus* et des *cartes de table*.

C'est une opération très agréable pour les personnes qui reçoivent, de dessiner elles-mêmes leurs menus. Pour ce faire, et avec ce système, point n'est besoin de connaissances approfondies de la photographie : un châssis, la petite pellicule et un papier mat constituent tout le matériel, résument toute la science.

Le papier au ferro-prussiate se prête très bien à ce tirage, mais le meilleur est le papier « Virator ».

Avec le papier « Virator » l'inventeur a résolu le problème des photographies mates, si agréables pour les personnes de bon goût. Il présente en outre une économie, en dispensant de l'emploi onéreux des sels d'or; une simple immersion dans l'hyposulfite de soude le fixe indéfiniment. Son aspect est d'une belle sépia, très riche dans les ombres, et grâce à la matité de sa surface, il

(1) Les meilleurs dégradateurs sont en gélatine rouge. Ils ont ce grand avantage qu'on peut effectuer le tirage au soleil. Puis cet autre, c'est que chaque calibre du dégradateur correspond à un contre-dégradateur de même dimension.

peut être colorié ou peut recevoir des écritures de toutes sortes.

LA PHOTOGRAPHIE LA NUIT

Terminons le compte-rendu de ces procédés récréatifs, par une distraction des plus sérieuses, applicable aux loisirs du soir : la *photographie nocturne.*

Vous apportez votre appareil dans l'appartement où l'on se trouve réunis après dîner.

— Comment, de la photographie le soir?..... Je croyais qu'il faut du soleil..... Nous allons être tous noirs !

Et d'autres propos semblables vous seront adressés. Alors, impassible, vous recommandez le silence et l'immobilité. Vous avez eu soin de répandre de la poudre de magnésium sur une soucoupe, et après mise au point et dernière prière de se tenir tranquille, vous mettez le feu à la poudre. La durée de cette flamme électrique est suffisante pour donner de très bons clichés, empreints d'un caractère tout à fait original.

Ayez soin seulement de ne pas bouger la lumière du magnésium pendant l'opération, mais de la maintenir en un seul endroit élevé, sans quoi l'épreuve serait manquée ou très confuse, à cause du déplacement des ombres.

UN PEU D'HISTOIRE

Savez-vous, chers lecteurs, à quelle époque se reporte l'invention de la photographie ? Si nous en croyons certains documents, elle était connue au temps de la Grèce.

A la bibliothèque du couvent Dionisius, au mont Athos, existe, dit-on, un manuscrit, d'après lequel le père de la photographie serait le moine Pansélinos, qui vivait à la fin du ve siècle de notre ère.

Le moine Pansélinos est connu dans l'histoire comme peintre et comme chimiste. Il fixa les règles immuables de la peinture hiératique, nommée peinture byzantine, qui devait se perpétuer pendant tout le moyen-âge, et laissa des écrits, dont quelques-uns contiennent des formules et procédés divers pour la fabrication des couleurs et vernis employés à cette époque.

Le manuscrit se rapportant à notre sujet est intitulé comme suit : *Instructions chimiques du moine Pansélinos de Pieridae, à Constantinople.* Il nous fait connaître que l'auteur se servait d'une sphère creuse en cuivre étamé d'un côté, et peinte en noir de l'autre, avec laquelle il obtenait *l'image ressemblante des objets*. Dans cette sphère ou chambre noire, deux petites portes étaient opposées l'une à l'autre ; quant au système optique, il se composait d'une lentille de verre blanc placée au centre de la partie creuse de la sphère, d'un miroir de cuivre poli en avant, d'un verre janne d'ambre plaqué d'or, en arrière, et enfin d'un verre *vert de grenouille*. Le tout était supporté par un pied à trois branches. Et remarquez ceci : les plaques sur lesquelles il opérait se composaient de cuivre argenté!... Après les avoir nettoyées et polies, on les sensibilisait en les soumettant successivement aux vapeurs de deux corps dont les noms sont intraduisibles ou effacés du parchemin, mais qui agissaient comme l'iode et le brome dans le procédé de Daguerre. Enfin, on fixait à l'aide du vif argent.

Nous pourrions émettre des doutes sur l'existence de ce manuscrit, ou au moins sur celle du passage relatif à l'appareil du moine, si sa traduction ne nous était donnée par le Dr Constantin Simonides, dans un ouvrage très sérienx : *Fac-simile de certaines parties de l'Evangile de Saint Mathieu*, publié en 1861.

Daguerre aurait donc commis un abominable plagiat ! Il est douteux cependant que Daguerre ait fait le voyage du mont Athos pour courir à la recherche du manuscrit de Pansélinos, découvert seulement quelques années plus tard par M. Simonides. En tout cas, il lui eut fallu une grande intelligence pour mettre en pratique une définition aussi confuse.

Si l'invention du moine n'est pas une image vue en rêve par le chroniqueur moderne, il n'y a rien d'étonnant qu'elle soit restée secrète. Tout était mystère à cette époque et les moines moins que d'autres ne tenaient à vulgariser une invention de ce genre. Cela tenait à l'esprit du temps et beaucoup aussi à l'abnégation des religieux, lesquels agissant avec la permission expresse de leurs supérieurs, ne tiraient aucune vanité de leur mérite.

ANECDOTES

Des conscrits partaient pour l'Algérie. A Toulon, ils s'arrêtèrent devant la vitrine d'un photographe et l'un d'eux se laissa tenter : ses camarades le suivirent. La tentation, car c'en est une en effet, la tentation, dis-je, est grande dans l'atelier d'un photographe, surtout pour un conscrit auquel on offre un portrait ressemblant et dans la tenue qui doit bientôt rehausser son prestige.

Ils étaient dix, chacun ne demandait qu'une

épreuve et encore devait-on livrer ces épreuves le soir même. Le photographe employa un moyen très expéditif. Il fit un cliché de ses dix clients réunis en groupe, et sans entrer dans d'autres explications les pria de revenir le soir. La livraison fut faite très consciencieusement, et nos jeunes hommes, avec le plus grand étonnement et la plus grande satisfaction, furent à même de s'admirer en costume de zouave, chacun en possession de sa carte de visite personnelle.

La traversée s'effectua avec beaucoup de mal, car la mer était démontée, et tous les hommes valides eurent leur part de travail dans la manœuvre. Rendus à destination, nos conscrits eurent l'idée très juste de jeter un coup d'œil sur la carte représentant leur personne en *grandeur naturelle*, ce qui veut dire en pied.

Mais quel étonnement... Aucun ne se reconnaissait, et ce qu'il y a de mieux, tous avaient la même figure !

On s'est déjà expliqué le phénomène : le photographe, spécialiste dans ce genre d'opérations, possédait une collection d'épreuves toutes collées, sur lesquelles il fixait la tête lorsque le temps manquait à la confection d'un nombre trop considérable de clichés. Aujourd'hui, l'on a des chromolithographies représentant tous les costumes de l'armée, à pied ou à cheval, et dans les poses les plus mouvementées. L'humidité de la mer avait détrempé les têtes des photographies de nos jeunes soldats : peut-être un jour l'ont-ils retrouvée décapitée dans le fond de leur poche.

Et puisque nous en sommes aux soldats, que l'on met si malheureusement à contribution dans les histoires plaisantes, je parlerai de l'un d'eux qui s'était fait faire un portrait sur grande carte.

Je dois convenir que les anciens objectifs pour portraits dépassant les carte-album, n'étaient pas sans inspirer quelque inquiétude aux gens ignorants des procédés paisibles de la photographie : leur volume et leur forme les faisaient ressembler à un canon. En ajoutant à cet aspect peu rassurant le terme employé vulgairement « se faire tirer en photographie », on comprendra la remarque que fit le militaire au photographe occupé à le mettre au point :

— Je ne suis pas un poltron, lui dit-il, seulement vous me préviendrez quand cela partira.

Cette anecdote peut avoir son pendant dans l'histoire naïve d'un autre défenseur de la patrie, lequel s'étant fait photographier de face, tenait absolument à ce que l'on vit ses éperons.

Une autre petite histoire d'un brave homme qui avait une bosse volumineuse à droite du front, et qu'un de nos amis, amateur enragé, avait photographié par le procédé de la ferrotypie. On sait ou l'on ne sait pas que ce procédé consiste à prendre, avec une batterie de plusieurs petits objectifs, une série d'épreuves positives directes sur plaque de fer enduite de gutta-percha. L'opération se fait au collodion humide, la pose est très courte et l'on développe sans attendre que la plaque se voile.

Or, la bosse du brave homme se trouva à gauche sur les épreuves directes, comme ceci aurait eu lieu avec les anciennes plaques daguerriennes. Nous fûmes témoin de sa surprise, et ses camarades le plaisantèrent beaucoup sur cet incident.

TABLE DES MATIÈRES

Bergerac. — Imprimerie Générale du Sud-Ouest
3, rue Saint-Esprit.

www.ingramcontent.com/pod-product-compliance
Ingram Content Group UK Ltd.
Pitfield, Milton Keynes, MK11 3LW, UK
UKHW020920180726
13838UKWH00002B/660